# 天星小輪

## 維港上的主要交通

### 中環⇄尖沙嘴

歷史：始於1880年，當時由九龍渡海小輪公司（天星小輪前身）經營。

航程：1.3公里

### 灣仔⇄尖沙嘴

航程：1.85公里

### 天星維港遊

（日間 / 夜間 / 幻彩詠香江）

船名：輝星號

航線：圍繞維港一圈

航程：60分鐘

創立年
初期推
現今推動：柴油
船型：雙頭船（下層前後均設駕駛室及推進器）
船名：以「星」字命名
長度：34米　　載客量：547人
航速：每小時14.8公里（8海浬）
榮譽：曾入選《國家地理旅遊雜誌》「人生五十個必到景點」

▲船隻屬雙頭設計，座椅椅背可左右移動調校方向。

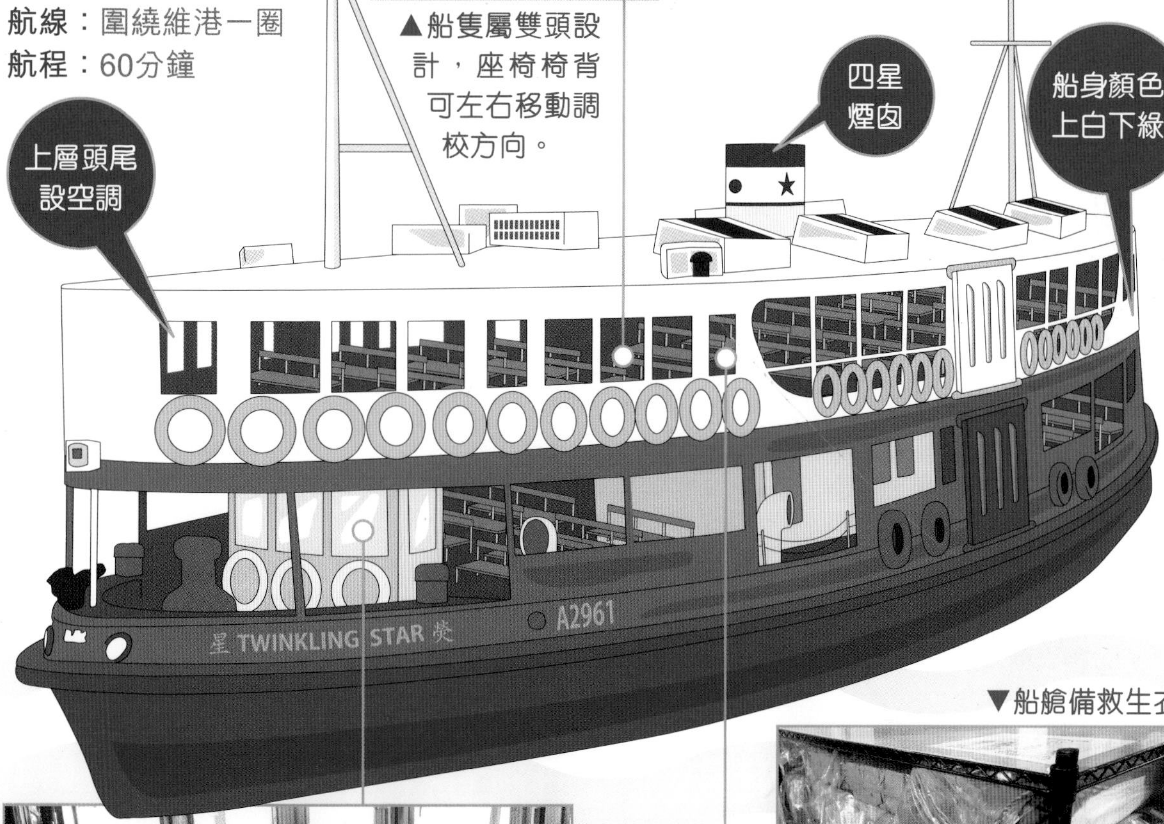

◀駕駛室裏的船舵、俥鐘（控制船隻速度）及各種儀器。

▼船艙備救生衣

鳴謝：天星小輪資料及相片提供

# 船員介紹

一艘渡輪基本需要一名船長、一名副船長、四名水手及一名大偈（輪機長）才能正常運作的啊！

**工作範圍**

- 翻閱航行日誌及值班表（確定有足夠人手）
- 檢查駕駛室儀器
- 檢查船隻外殼有否損毀
- 查看船頭尺的吃水*深度

*指船隻沉入水下的部分。

**工作範圍**

- 起放吊板
- 清潔船艙
- 拉纜
- 協助乘客上下船

**工作範圍**

- 檢查、維修及保養船舶機件及機電設備
- 確認有足夠燃料
- 記錄航行參數
- 定期測試緊急設備

## 油麻地小輪 危險品車輛渡輪

### 小檔案

**歷史**：創於1924年，曾辦多條港內航線，現隸屬香港小輪旗下，現時經營全港唯一危險品車輛渡輪航線。

**航線**：北角⇄觀塘、北角 / 觀塘⇄梅窩（班次視乎需求而定）

**乘客**：除司機及跟車工人外，不可接載其他乘客。

**航程**：

（北角⇄觀塘）3公里、

（觀塘⇄梅窩）25公里、

（北角⇄梅窩）22公里

**船名**：以「民」字命名

▼雙層汽車渡輪

**妙趣論船** 有關「船」的成語 / 諺語

移船就磡：指移動小船靠岸，比喻改變原來主張就範。

船到橋頭自然直：意指一切順其自然，事情到最後總有解決辦法。

# 新渡輪 港內 + 離島航線

▼三層普通船

**小檔案**

**全名**：新世界第一渡輪服務有限公司

**啟航**：2000年

**航線**：港內線及離島線共5條：
北角⇄紅磡、北角⇄九龍城、中環⇄長洲、中環⇄梅窩、橫水渡（來往長洲、坪洲、梅窩、芝麻灣）

**船型**：三層及兩層普通船（可載貨及寵物）、高速船

**船名**：以「新」字命名　**長度**：27～65米

**載客量**：231～1418人　**航速**：最高每小時26海浬

**特別設備**：部分船隻設哺乳室、免費流動裝置充電服務、飲品及小食販賣機。

**知多一點點**

- 期間限定航線：來往北角至大廟灣，只在每年農曆三月廿二及廿三日天后誕期間提供服務。
- 三層及兩層普通船屬本港製造，高速船則製於新加坡及中國。

# 港九小輪 離島航線

▼高速雙體船

**小檔案**

**創立年份**：1998年

**航線**：中環⇄榕樹灣、中環⇄索罟灣、中環⇄坪洲、坪洲⇄喜靈洲

**船型**：高速單體、高速雙體、對流式單體

**船名**：以「海」字命名

**長度**：18～28.5米

**載客量**：170～410人

**航速**：最高每小時15～24海浬

**知多一點點**

- 港九小輪成立初期由多間船務公司及船廠組成，而當中的財利船廠正是港九小輪所有船隻的生產商，百分百香港製造。

## 甚麼是單體和雙體船？

單體指傳統船隻，船身沉在水裏部分較多，遇上風浪時可保持穩定性；雙體船則指兩個瘦長船體連在一起，以甲板和上層相連，船身輕巧，船頭較尖，有助高速航行，但因沉在水裏部分較少，若遇風浪會較搖晃。

## 妙趣論船

**Vessel、Boat、Ship、Ferry之分**

Vessel是所有船隻統稱，Boat指中小型船隻，例如Fishing boat（漁船），Ship則指中大型船隻，航程較遠，例如Cargo ship（貨船），Ferry是渡輪，載客或貨由一邊岸沿指定航線運到另一邊。

# 觀光船

維港是遊客必到主要景點，除了在海岸觀賞，也可乘觀光船暢遊。

## 鴨靈號 中式古董帆船

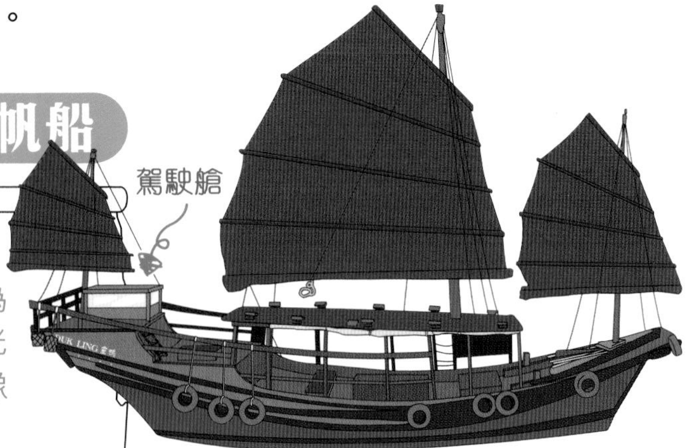


### 小檔案

歷史：1955年於澳門製造，前身為中式漁船，後改裝為觀光船，2015年啟航。因外形像鴨子，故取名「鴨靈號」。

船型：三帆中式帆船

航線：維港觀光遊（日間/日落/幻彩詠香江/晚間航班）、文化體驗遊（筲箕灣）

長度：18米　載客量：約30人

航速：每小時4～7.5海浬

### 知多一點點

- 鴨靈號以高質厚木製造，有別於一般使用纖維物料，船身較重及沉穩。

- 漁船駕駛艙多設於船尾，而非一般船位於船頭，以方便騰出更多空間作業。

## 洋紫荊維港遊 邊吃邊遊維港

### 小檔案

背景：隸屬香港小輪旗下，共設4艘船，亦兼作危險品汽車渡輪。

船型：由汽車渡輪改裝。

航線：北角碼頭為起迄點，途經太古、筲箕灣、柴灣、鯉魚門、茶果嶺、啟德、紅磡、尖沙嘴、灣仔及銅鑼灣。

船名：以「民」字命名　長度：64米

載客量：400～500人　航程：2小時

### 知多一點點

- 觀光遊附設自助晚餐、樂隊表演。

除了大型的維港觀光船，也有離島觀光小船的啊！

## 大澳小艇遊 暢遊水鄉小船

### 小檔案

創立：2002年　船型：電動舢舨

航線：環繞大澳水鄉一圈，沿途可見水上棚屋，並有機會觀賞中華白海豚。

載客量：12～20人　航程：20分鐘

### 知多一點點

- 舢舨原稱「三板」，意指由三塊木板組成的小船，昔日以搖櫓在河上行走，隨時代變遷，已改由玻璃纖維製造，並以摩打行駛。

# 跨境渡輪

指往來香港與中國內地的渡輪，包括澳門、珠海、蛇口、中山、南沙等地，當中以澳門航線最具人氣，班次最頻密。

## 噴射飛航 全日無休

▲Foilcat雙體噴射水翼船，於挪威建造，長35米，最高航速每小時50海浬。

**小檔案**

**創立年份**：1999年

**航線**：往來香港及中國內地共9條：香港⇄澳門（外港及氹仔）、九龍⇄澳門（外港及氹仔）、屯門⇄澳門（外港及氹仔）、香港國際機場⇄澳門、澳門⇄蛇口、澳門⇄深圳機場

**推動**：柴油　**船型**：單體水翼船、雙體水翼船、雙體船、三體船

**長度**：24.44～47.5米　**載客量**：190～418人

**航速**：每小時35～52海浬　**生產地**：美國、英國、新加坡、挪威、澳洲

**特點**：全球唯一提供24小時跨境渡輪服務。

### 知多一點點

- 水翼船是指船底裝有支架的高速船，利用流體力學產生升動力的原理，當船速增加，支架會將船身撐離水面，從而減少水阻，也可減輕燃料消耗。
- 水翼船分全浸式及半浸式兩種，半浸式支架呈U形，兩端會露在水面；新式船多採用全浸式的T形支架，受海浪影響較少，行駛時較穩定。

## 金光飛航 由氹仔踏足澳門

▲ Austal雙體船，採全藍色船身。

**小檔案**

**創立年份**：2007年

**航線**：香港 / 九龍 / 香港機場⇄澳門氹仔

**船型**：澳洲Austal高速雙體船

**船名**：以酒店、景點、商場等命名

**長度**：47.5米

**載客量**：413人

**航速**：每小時42海浬

**特點**：14艘船中的4艘裝有T-Foil及T-Max穩定系統，可減低暈眩感。

# 郵輪

原指兼任郵件運送的客輪，與僅屬休閒船的「遊輪」不盡相同，而且郵輪的航距更遠，航速更高。後來「郵輪」已泛指航海客運船隻，與「遊輪」通用。郵輪屬娛樂客輪，提供多種娛樂設施，航行路線有長有短，部分可上岸觀光。

## 麗星郵輪

### 暢遊亞太區

雙魚星號

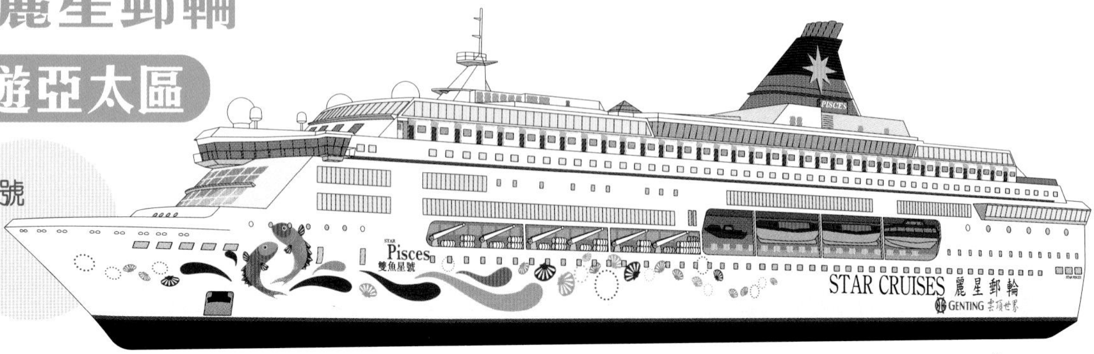


**小檔案**

創立年份：1993年，2012年雙子星號啟航。
航線：以亞太區為主，包括香港（一晚）、日本、南韓、台北。
船名：雙子星號、雙魚星號、寶瓶星號、大班號
排水量：3370～5萬噸　長度：85.5～229.84米
甲板：3～12層　載客量：64～1530人
航速：每小時12.5～18海浬

**知多一點點**

麗星郵輪主要停泊於尖沙嘴海運碼頭，碼頭全長381米，寬58米，連天台樓高5層，連接停車場及大型商場，可停泊兩艘排水量5萬噸的郵輪。

## 星夢郵輪

### 海中巨無霸

**小檔案**

創立年份：2015年
航線（香港出發）：廣州南沙、日本、菲律賓、越南
船名：雲頂夢號、世界夢號、探索夢號
排水量：7萬5千～15萬噸　長度：268～335米
甲板：13～18層
載客量：1856～3376人
航速：每小時24海浬
生產地：德國

世界夢號

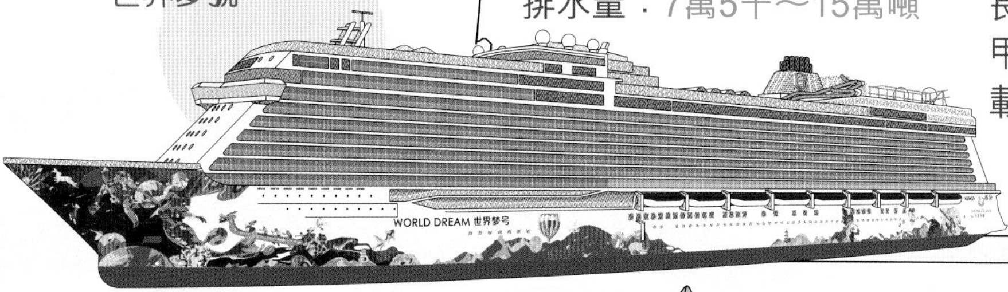


**知多一點點**

星夢郵輪的香港登船地點位於九龍城啟德郵輪碼頭，即舊啟德機場跑道，2013年啟用，全長850米，寬35米，樓高3層，可停泊兩艘排水量11萬噸郵輪，可容納的船體積比海運碼頭大。

◀碼頭頂層設空中花園及觀景台，是周末消閒好去處。

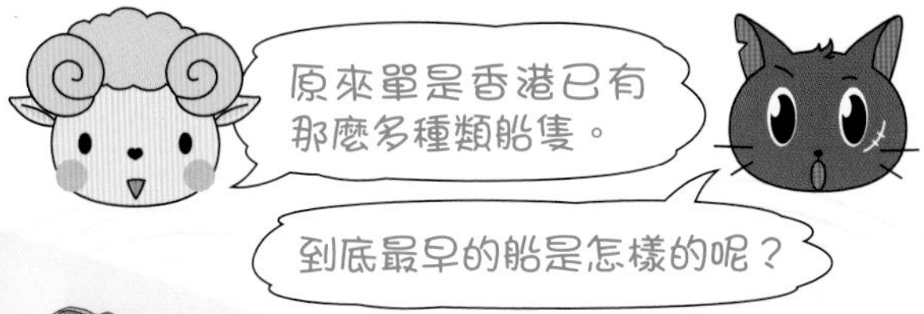
原來單是香港已有
那麼多種類船隻。
到底最早的船是怎樣的呢？

# 船的誕生及演變

## 木舟

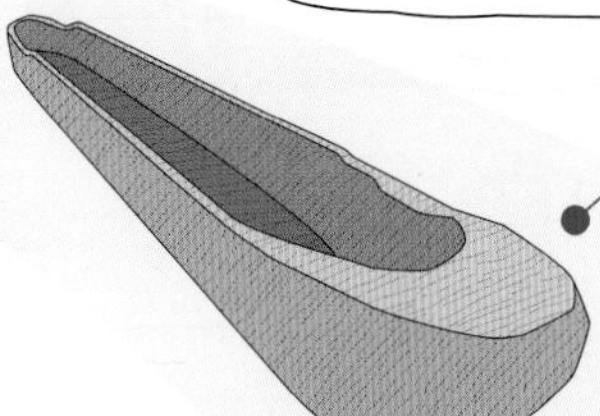

早在公元前6000年，人類已開展水上活動。最初只是依靠浮木漂流，但因易翻滾及不能站在上面，便想到將多根木條捆在一起，不僅更具浮力，也可載人載貨。也有人將木頭挖空製成獨木舟，可坐於其中，形成船的雛型。

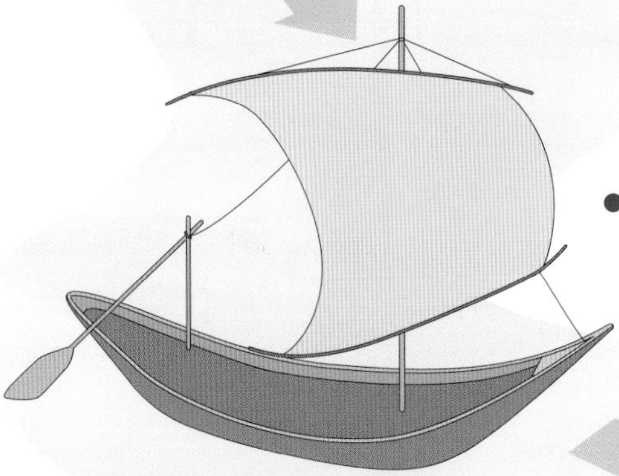

## 帆船

至公元前約3100年，古埃及出現第一艘單桅帆船，帆為長方形，依靠順風推動船隻。至公元前約500年，阿拉伯人發明了三角帆，逆風時也可行駛。

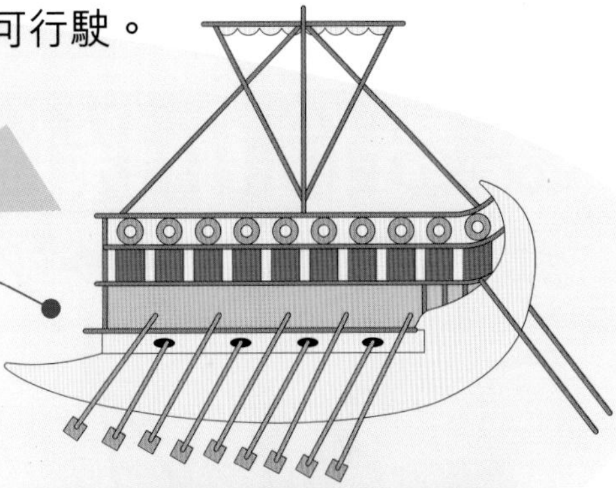

## 槳帆船

出現在公元前1000年前後，是在帆船的基礎上加上船槳，以人力及風力推動船隻，當時被腓尼基人、希臘人、羅馬人等作戰船之用。

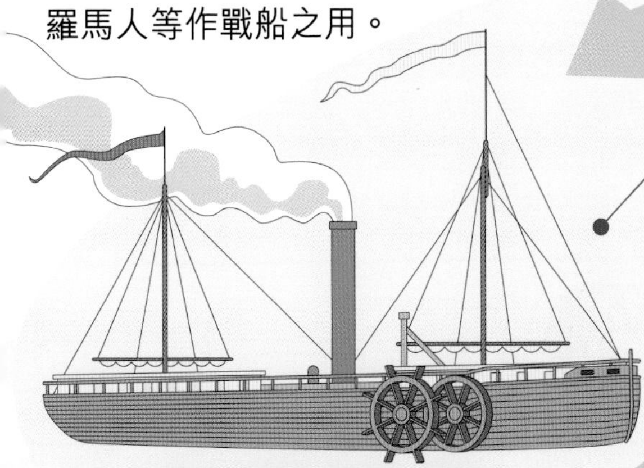

## 蒸汽船

1807年，美國工程師羅伯特．富爾頓製造了第一艘可於水上航行的蒸汽輪船，長43米，航速每小時4.7英里，以蒸汽發動機帶動明輪旋轉，向前推動。後來明輪演變成螺旋槳，成為船舶主要推進工具。現今的船雖然已沒有輪，「輪船」一詞仍沿用至今。

## 近代船

隨着航海需求愈趨龐大，船舶也向大型及高速發展，製船材料也從木頭進化至耐用的鋼鐵或玻璃纖維，動力也由蒸汽渦輪演變至柴油引擎，燃料消耗較少，而船隻也按用途設計成不同形狀。

# 歷史上的重要船隻

船隻的出現已成生活中不可或缺的交通工具，不僅這樣，它在歷史上也曾擔當重要角色呢！

## 鄭和寶船

### 小檔案

簡介：1405年，明成祖派遣親信鄭和七次南下西洋，穿越南海、馬六甲海峽，橫跨印度洋，最後抵達非洲東海岸，28年間到訪西太平洋、印度洋三十多個國家，打通了中國與亞非的海上交通。

船隊：堪稱史上最具規模，共有二百多艘，當中以鄭和乘坐的寶船最大，長152米，高8層，可載千人，9支桅杆可掛12幅帆以提升速度。

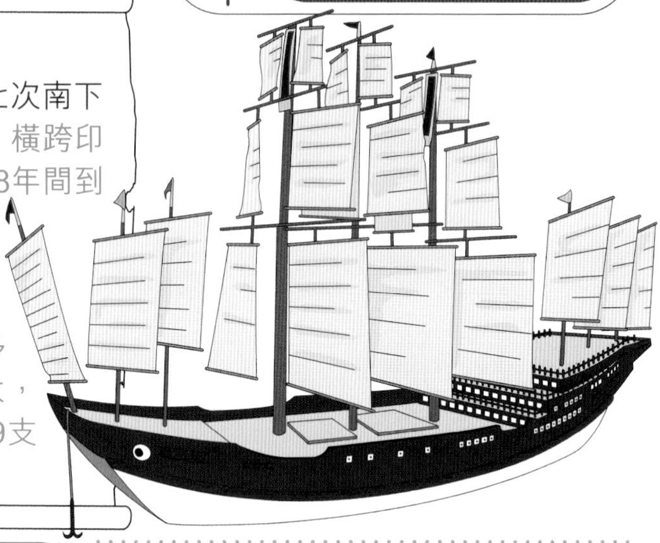

## 哥倫布探險船

▶聖瑪利亞號

### 小檔案

簡介：意大利知名航海家哥倫布發揮冒險精神，於1492年帶着87名船員由西班牙出發，花了近十年時間展開東方探索之旅，目的地是印度和中國，卻意外地發現美洲新大陸，開闢從未被人發現的新島嶼及新航線。

船隊：當時僅得3艘帆船，包括聖瑪利亞號、平塔號和尼雅號。主艦聖瑪利亞號出航首年即遇風暴沉沒，只剩餘下兩艘繼續航行。

## 五月花號

### 小檔案

簡介：1620年，一批清教徒因不堪受英國國教逼害，毅然從英格蘭乘「五月花號」離開，經過66日漂泊，來到北美洲普利茅斯落地生根，為美國早期史寫下重要一章。這些新移民因報答當地印第安人的協助，也成為感恩節的起源。

船隊：五月花號為一艘英國的三桅帆船，本為貨船，長約27米，排水量180噸，設四層，載有102名乘客及35名船員。

# 麥哲倫探險船

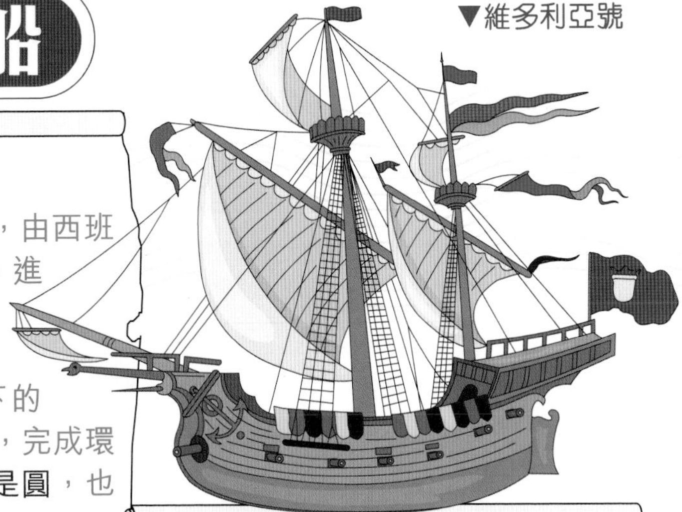

▼維多利亞號

小檔案

**簡介：** 麥哲倫於1519年展開環球航行，由西班牙向西南面出發，穿越大西洋，進入萬聖海峽（後稱麥哲倫海峽），橫渡太平洋。雖然1521年麥哲倫死於菲律賓，但餘下的船員於1522年向西返回西班牙，完成環球之旅。此壯舉不但證明地球是圓，也發現地球大部分面積為海洋。

**船隊：** 共有5艘船，主船為卡拉維爾帆船「特立尼達號」，其餘為克拉克帆船「聖安東尼奧號」（最重，120噸）、「康塞普西翁號」、「維多利亞號」和「聖地亞哥號」（最輕，75噸），最後只剩維多利亞號完成環球航程。

# 香港船隻發展

### 開埠初期

香港1841年開埠，當時水上交通以帆船、舢舨及嘩啦嘩啦為主。

### 嘩啦嘩啦

以引擎發動的電船，故亦名「電船仔」，因引擎聲或機械裝置聲而被稱作「嘩啦嘩啦」。主要穿梭維港兩岸，或接載水手往返停泊船隻。

### 1870年代

香港從英格蘭引入第一艘蒸汽船，經營來往尖沙嘴及中環航線。

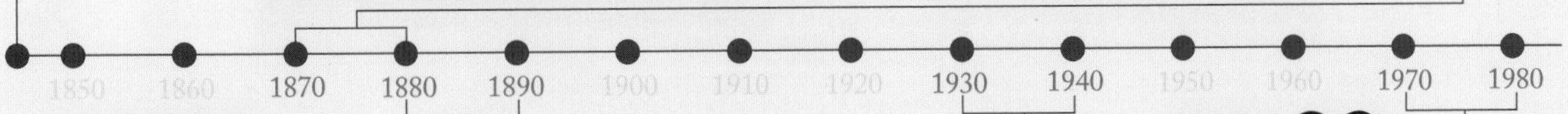


### 1880年代

1880年，九龍渡海小輪公司成立，接管尖沙嘴往來中環航線，初期以蒸汽船行駛。然而小輪的服務時間以外，仍有舢舨及嘩啦嘩啦於深宵或凌晨在海上接載工人和夜歸人，被稱為「水上的士」。

### 1930年代

天星小輪於1933年引入第一艘柴油內燃機輪船，取代蒸汽船。

### 1970年代

1972年紅磡海底隧道通車，讓市民可從陸路過海，水上的士逐漸被淘汰，只剩渡輪至今仍運作。

**香港還有造船廠？** 香港自開埠便成為國際自由港，船隻需求量大，造船業正是香港首個工業，當時以黃埔和鰂魚涌為主要船塢據點。隨時代變遷，造船業漸次式微，造船廠亦要西移，現時全港約剩60間造船廠，大部分以維修為主，只有一兩間仍在造船。

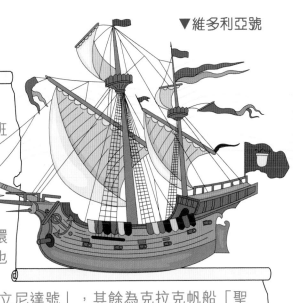

# 香港海事博物館 認識航運歷史

2005年於赤柱美利樓開幕，2013遷至中環八號碼頭，佔地4400平方米，樓高3層，設十多個展廳介紹香港、中國及世界航海歷史，展品達1200件。

址：中環八號碼頭
時：周一至五09:30~17:30、周六日及假期10:00~19:00
票：成人$30、18歲或以下小童$15

有關香港的港口歷史集中於B層，除了有各種模型、圖片、互動屏幕，也設觀港廳，憑大片落地玻璃眺望維港船隻。

▶設船舶自動識別系統，點擊屏幕上紅點，可查閱正在維港上游弋的船隻資料。

▼各種大型航艦模型造工精細，參觀者可透過屏幕介紹加深認識。

▲C層展出的耆英號是中國商用帆船，1846年由香港出發，經美國紐約後再抵英國，創下中國帆船最遠航海紀錄。

◀橫瀾燈塔是昔日為來港商船輔航的訊號燈，每30秒閃兩次。

▶一艘高速渡輪應該具備甚麼條件？大家不妨以船體、燃料、引擎三個元素，設計個人化高速船吧！

## 顧國敏船舶模擬駕駛室

博物館A層設模擬駕駛室，以真實船艙為藍本，設有各種精密電子儀器，參加者透過模擬駕駛，體驗舵手工作。船長會設定不同天氣，讓參加者感受幻變的海上情況。

開：周六日及公眾假期開放予公眾人士。
時：14:00、14:45、15:30、16:15，每節30分鐘。
註：憑免費籌號參加，每日13:00開始於接待處派發，每節限15人。

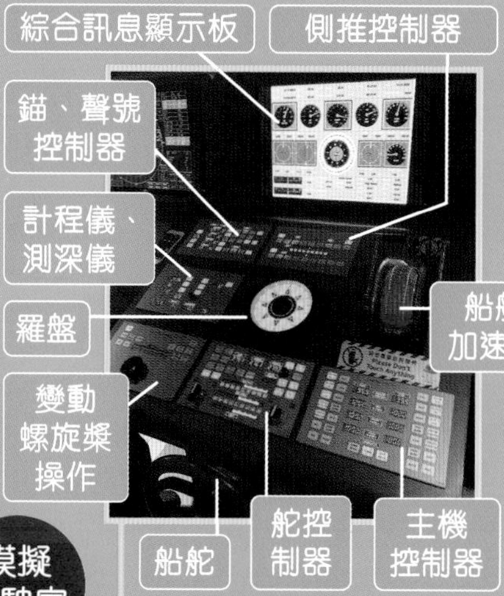

▲雖然只是操作船舵控制方向，但船長仍會從旁輔助。

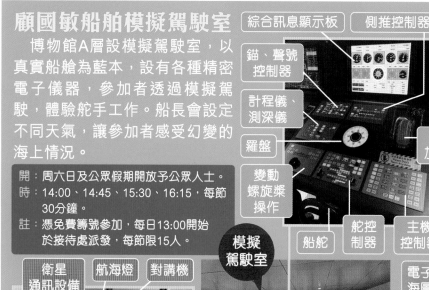

# 香港特色船形建築

## 黃埔號

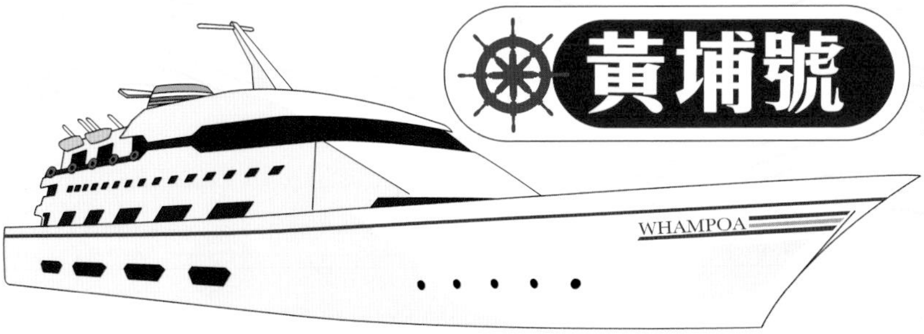
WHAMPOA

黃埔船塢是香港昔日最具規模船塢之一，經歷時代變遷，原址已被發展成住宅區「黃埔花園」。地產商在此興建長90米的船形商場「黃埔號」，不僅成為區內獨特地標，也別具意義。

## 珍寶王國

位於香港仔黃竹坑，這種船形海上食肆盛行於50年代。珍寶王國由兩艘並排的太白海鮮舫及珍寶海鮮舫組成，前者建於1950年，最初為小型木艇，其後不斷加長及增加層數，現長46米；珍寶海鮮舫於1976年落成，長76米，裝潢帶中式宮廷氣派，不僅被譽為「世界上最大海上食府」，也是不少中外電影拍攝地。

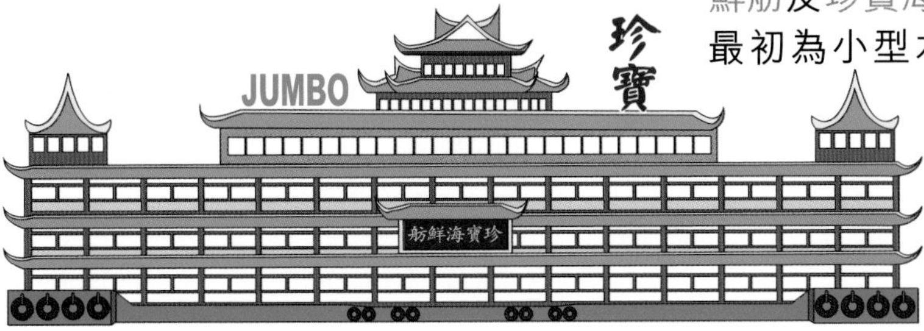
JUMBO
珍寶
舫鮮海寶珍

# 有關船的電影

## 鐵達尼號 (Titanic)

1997年上映的美國災難電影，以豪華郵輪鐵達尼號沉沒事件改編。電影中的鐵達尼號模型按1：1比例建造，場景及道具也接近百分百真實呈現出來。該電影上映以來獲得多個電影殊榮。

### 鐵達尼號背景

這艘號稱「永不沉沒」的英國郵輪於1912年首航，由南安普敦出發，目的地為美國紐約港。郵輪約長270米，設10層甲板，最多可載3547人。客房分頭等、二等和三等，配備多項酒店級設施，及20艘救生艇。郵輪駛至北大西洋時不幸撞上冰山，船頭開始沉沒，最終斷成兩截沉入海中，逾1500人喪生，約700人獲救。

# 治療暈船浪

我都想坐船，但我很易暈船浪呢！
有些方法可預防和紓緩暈船浪的啊！

| | |
|---|---|
| 預防 | • 乘船前約一小時服用暈浪丸。<br>• 不宜空肚或過飽登船。 |
| 紓緩 | • 選坐窗邊位置，望向窗外水平線遠景。<br>• 別看手機或書本，以免造成腦部訊息混亂。<br>• 吃酸味食物可紓緩嘔吐感。<br>• 吃梳打餅有助吸收胃部過多液體。 |

# 快樂大獎賞

## 風和日麗遊船河

香港三面環海，船來船往，你有乘搭過下面的船類嗎？

**參加辦法**

於問卷上填妥獎品編號、個人資料和讀者意見，並寄回來便有機會得獎。

### A LEGO 31083 郵輪假期 1名

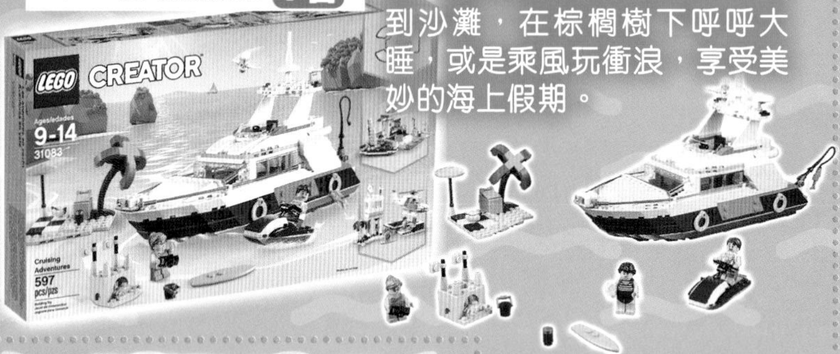


豪華遊輪上有設備齊全的客艙，亦可以駕駛水上電單車去到沙灘，在棕櫚樹下呼呼大睡，或是乘風玩衝浪，享受美妙的海上假期。

### B LEGO 42105 雙體船 1名

砌成船後能浮在水上，風帆的角度亦可調整。

### C 星光樂園Priticke File+遊戲卡及寶石套裝2份 1名

Priticke File內的活頁可放置寶石和卡片，也可以加新活頁。

### D 角落生物閃亮水晶球飾物套裝 1名

簡單幾個步驟，就可以自製出角落生物手鐲、鍊咀和擺設。

### E 小馬寶莉套裝 1名

*產品不能在水上使用。

轉動馬達播放音樂，碧琪也一併撐起船槳！

### F Chocolate Pen (不含朱古力) 1名

運用朱古力筆，就能輕易做出各種形狀的朱古力。

### G 忍者龜雙節棍 1名

四隻忍者龜各有擅長的武器，你喜歡米開朗基羅的雙節棍嗎？

### H 滑梯果汁店 1名

水果可隨着滑梯滑進果汁杯中。

### I 香蕉驚喜 1名

三隻神秘公仔藏身在香蕉裏。

**截止日期2020年3月14日**
**公佈日期2020年4月15日 (第50期)**

- 問卷影印本無效。
- 得獎者將另獲通知領獎事宜。
- 實際禮物款式可能與本頁所示有別。
- 本刊有權要求得獎者親臨編輯部拍攝領獎照片作刊登用途，如拒絕拍攝則作棄權論。
- 匯識教育有限公司員工及其家屬均不能參加，以示公允。
- 如有任何爭議，本刊保留最終決定權。

### 第46期得獎名單

| | | |
|---|---|---|
| A | 超級電子銀行大富翁 | 陳泓逸 |
| B | LEGO 31095 遊樂場旋轉木馬 | 毛柏希 |
| C | 金磚層層疊 | 魯文飛 |
| D | #3002b熱帶型大魔 | 羅君璋 |
| E | 外星豆豆按摩棒+索繩袋 | 龍湛聰 |
| F | Doorables迪士尼公主套裝（隨機獲得） | 楊心研 譚亦昀 |
| G | 星光樂園卡片收納斜揹袋 | 關悠 劉希璇 |
| H | Bandaris Beats by Pai Technology+妙趣扭計骰 | 劉日朗 |
| I | 變形金剛系列3個 | 張翰林 |

第44期得獎者龍昊朗

# 神奇樽中船

巧手工坊

親子

常言道「宰相肚裏可撐船」，那是形容人心胸廣闊，待人寬厚，不是真的有隻船在宰相的肚裏，但想讓船在樽肚裏揚帆，用點小技巧就能辦到。

漂亮擺設~

製作難度：★★★☆☆
製作時間：45分鐘

## 所需材料

p.17紙樣

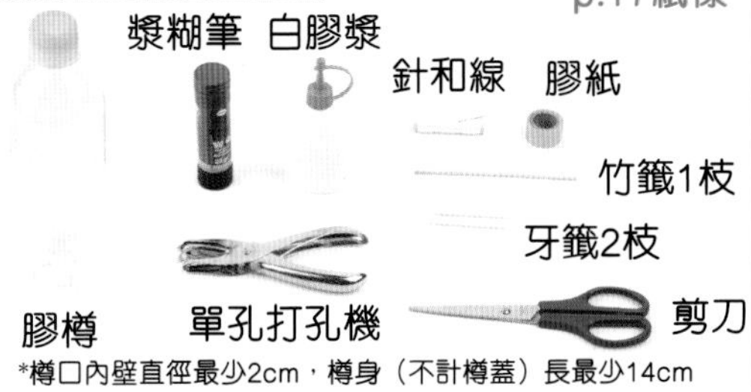


*樽口內壁直徑最少2cm，樽身（不計樽蓋）長最少14cm
*使用利器時，須有家長陪同

## 海洋部分

## 船隻製作

1 沿黑線剪下紙樣。

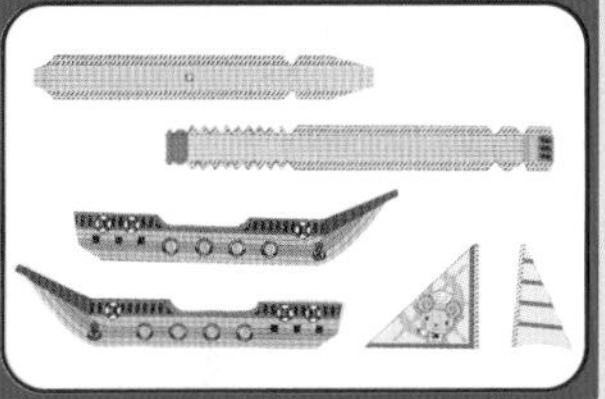

2 船身與船底黏合。

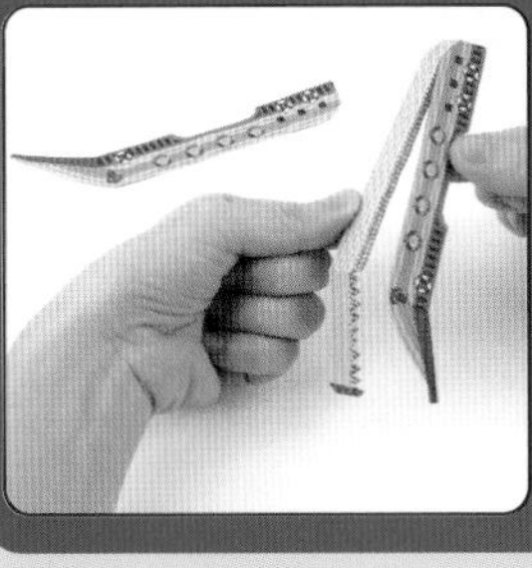

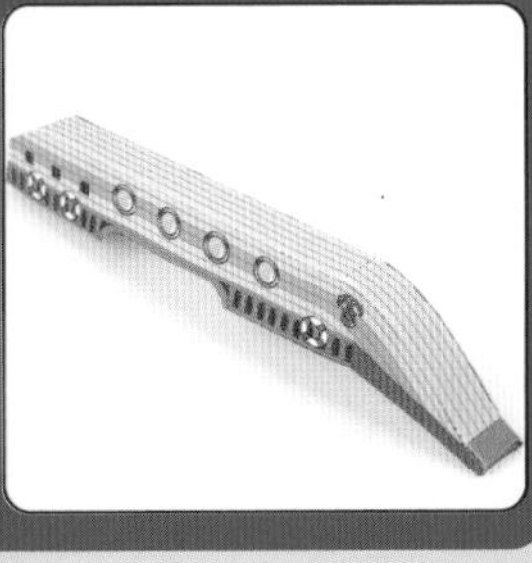

3 甲板穿孔處穿孔。

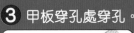

4 將竹籤裁切成比樽身直徑短一些。

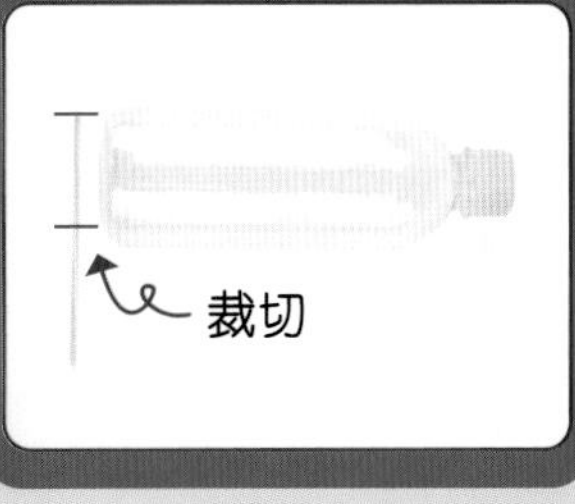


5 取大帆，帆邊如圖位置貼上牙籤。

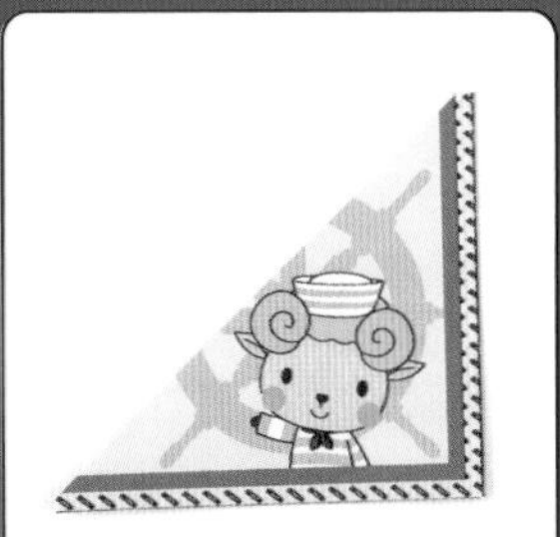

塗上白膠漿

貼上牙籤

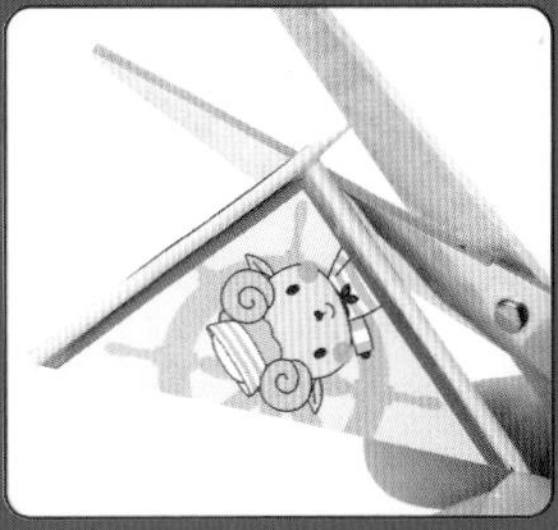

白膠漿乾透後，剪去牙籤多出的部分

## 6 取細帆，如圖位置貼上竹籤。

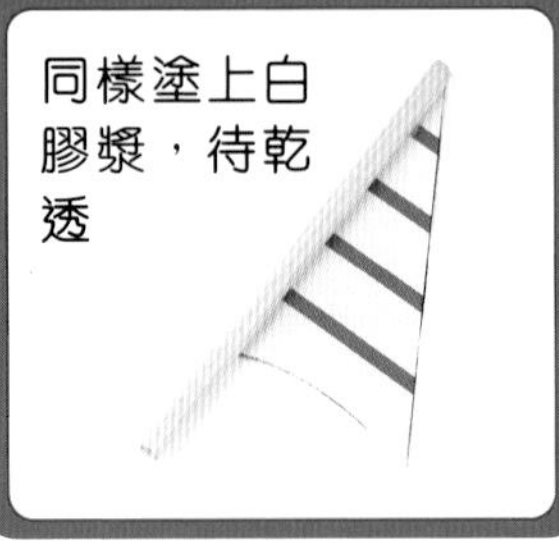
同樣塗上白
膠漿，待乾
透

## 7 穿起針線，將大帆與細帆縫起。

頂部對齊

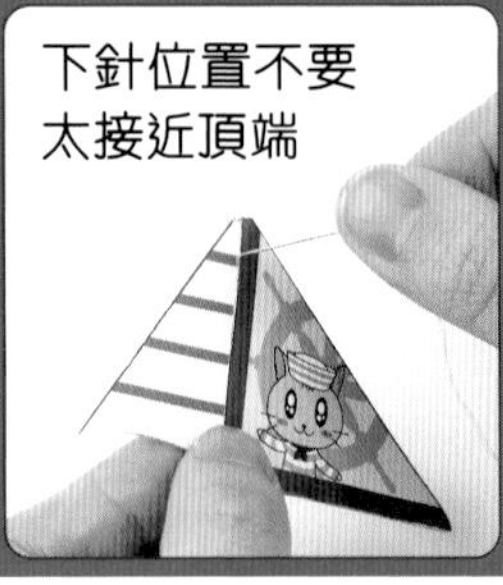
下針位置不要
太接近頂端

從背面穿上正面

再穿往背面

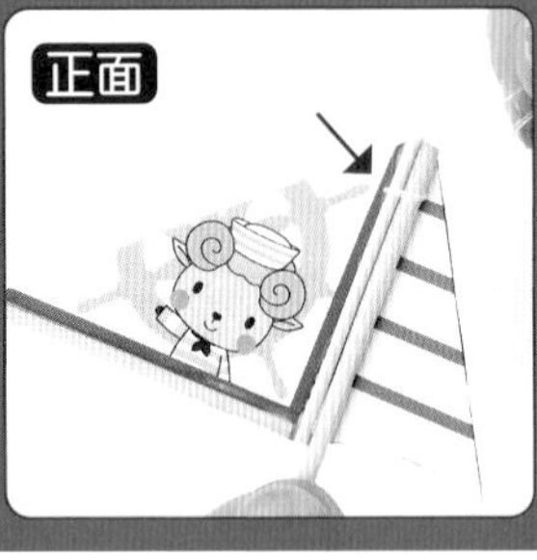
正面

在背面打一個死結

剪去多餘的線

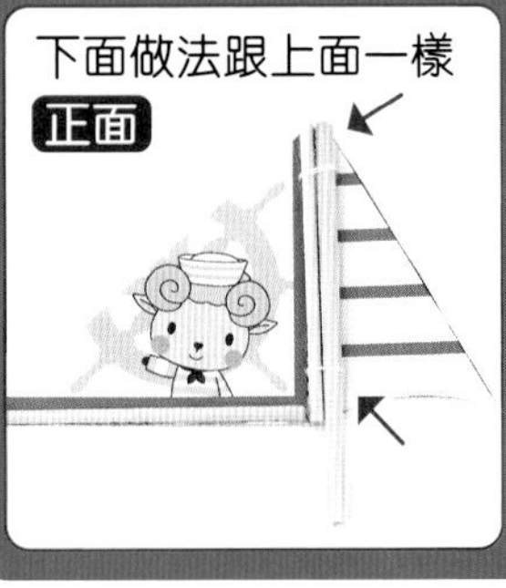
下面做法跟上面一樣
正面

背面

## 8 將步驟⑦穿進甲板

## 9 用針線將步驟⑧縫起

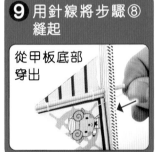

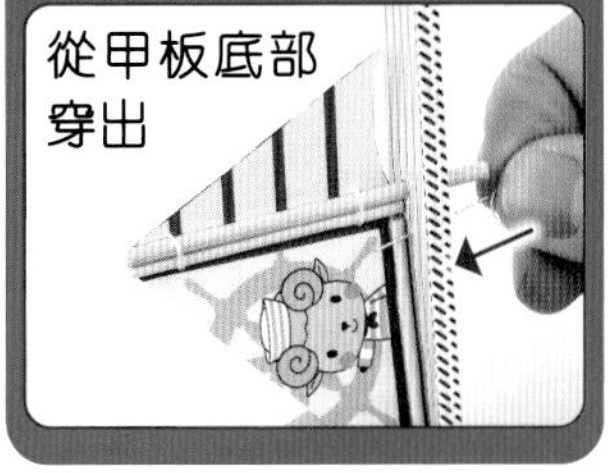
從甲板底部
穿出

穿過大帆

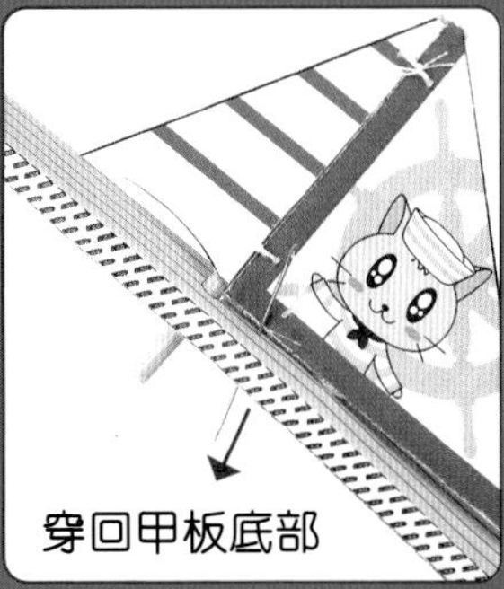
穿回甲板底部

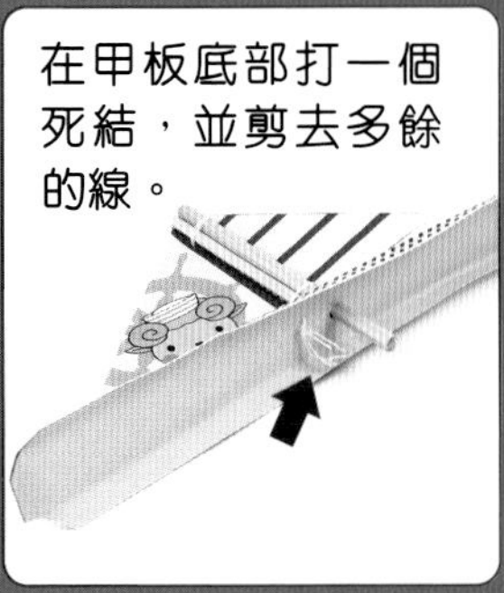
在甲板底部打一個
死結，並剪去多餘
的線。

另一邊同樣做法

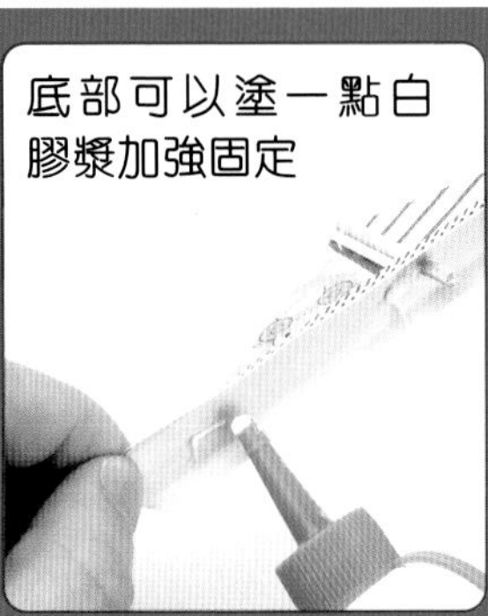
底部可以塗一點白
膠漿加強固定

## 10 甲板黏貼處塗上白膠漿，與船身黏合。

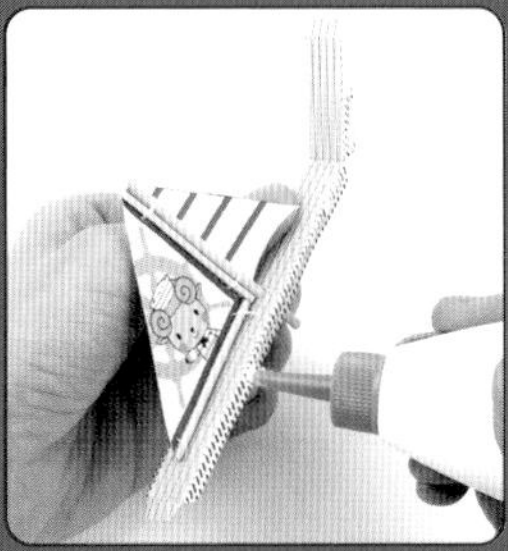

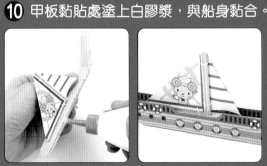

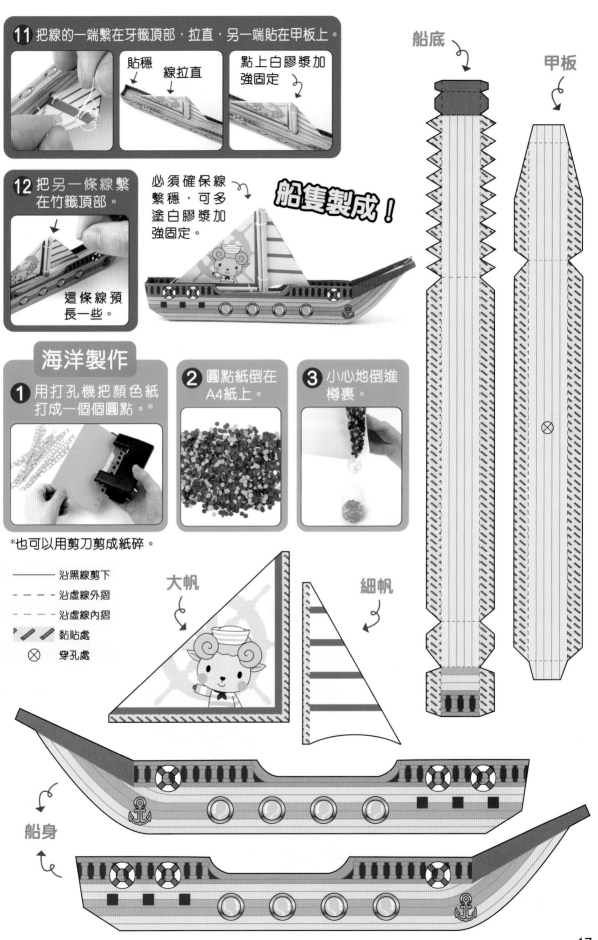

11 把線的一端繫在牙籤頂部，拉直，另一端貼在甲板上。

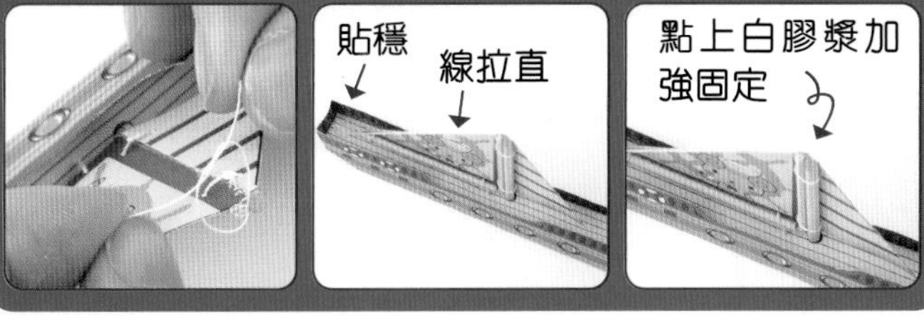
貼穩
線拉直
點上白膠漿加強固定

12 把另一條線繫在竹籤頂部。

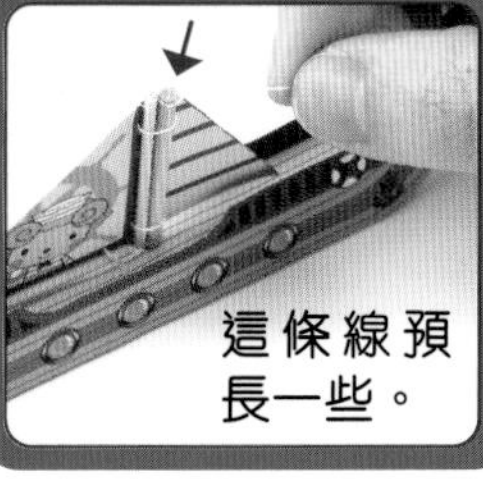
這條線預長一些。

必須確保線繫穩，可多塗白膠漿加強固定。

船隻製成！

## 海洋製作

1 用打孔機把顏色紙打成一個個圓點。*

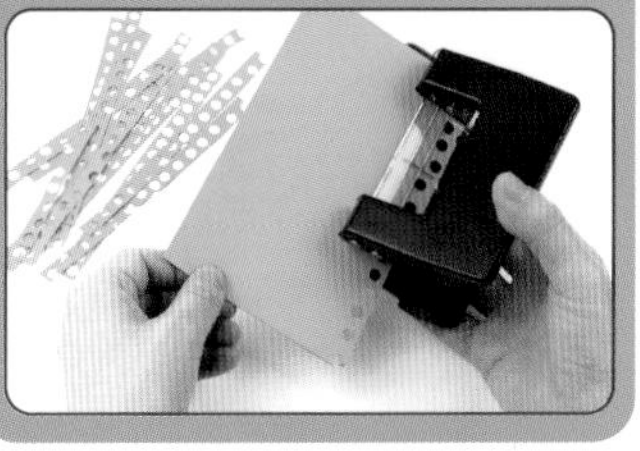

2 圓點紙倒在A4紙上。

3 小心地倒進樽裏。

*也可以用剪刀剪成紙碎。

船底

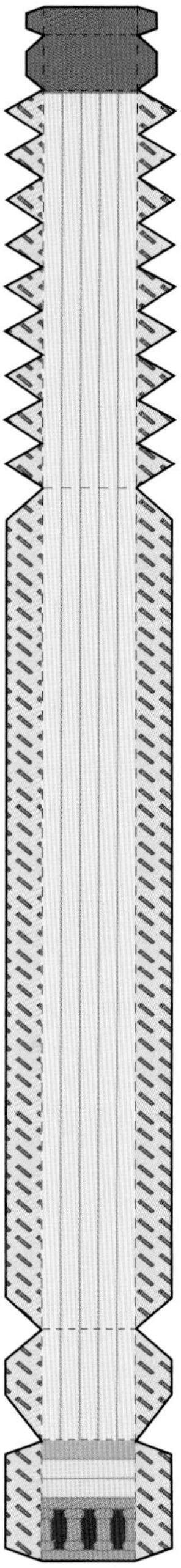

甲板

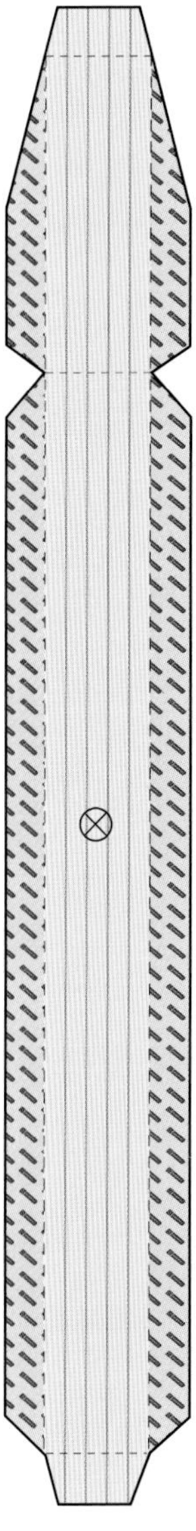

———— 沿黑線剪下

- - - - 沿虛線外摺

- - - - 沿虛線內摺

黏貼處

⊗ 穿孔處

大帆

細帆

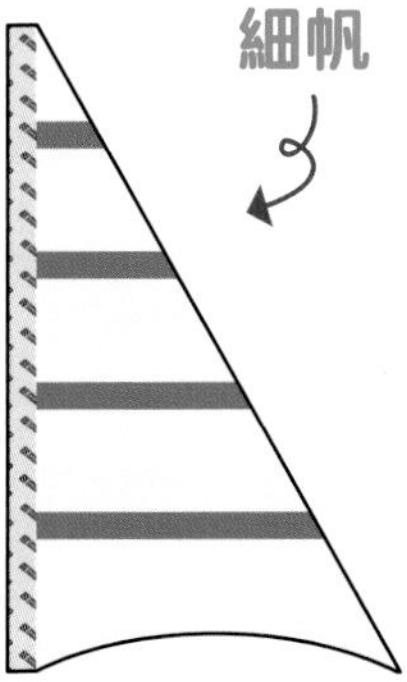

船身

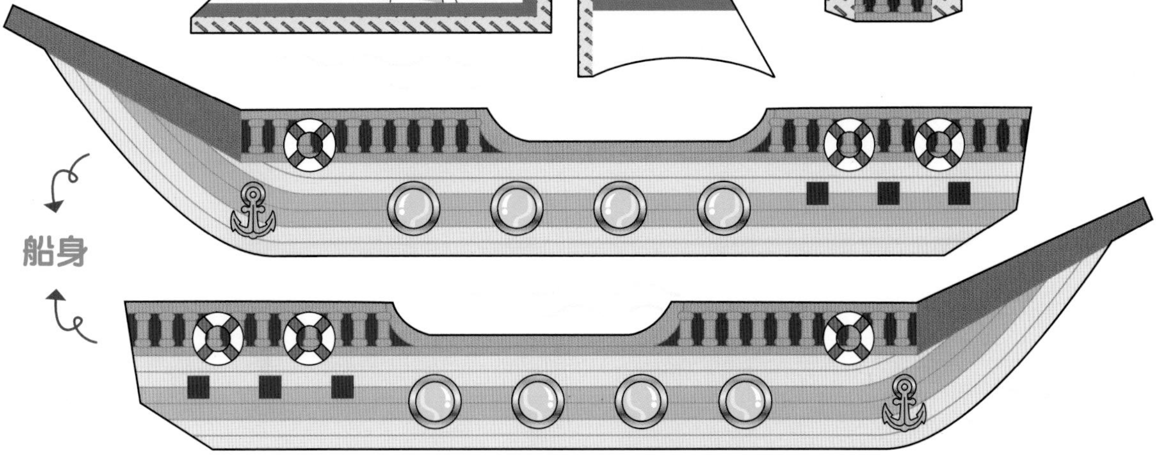

把帆船裝進樽裏前，須確保所有白膠漿已乾透！

1 摺起船帆。

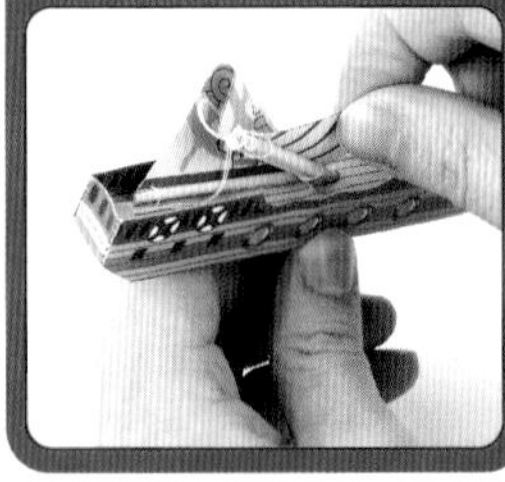

2 船尾先進樽裏。

3 放進整隻船。

4 拉直白色線。

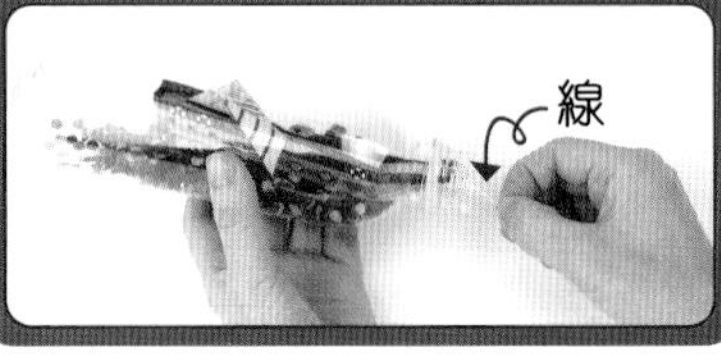


5 成功揚帆了。

6 用膠紙把線端貼在樽口上。

7 剪去多餘的線。

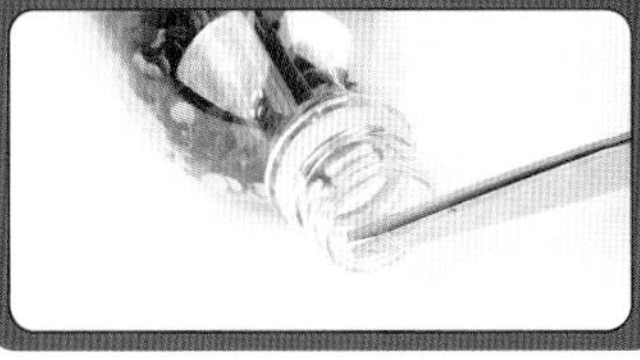

完成！

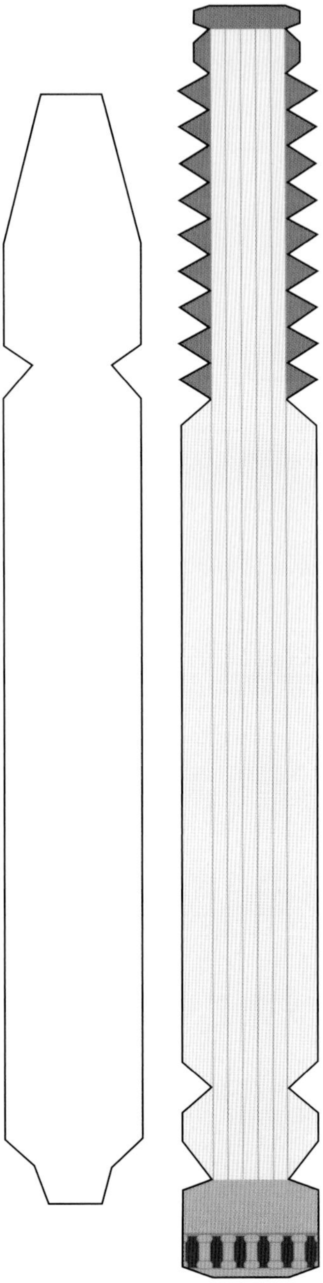

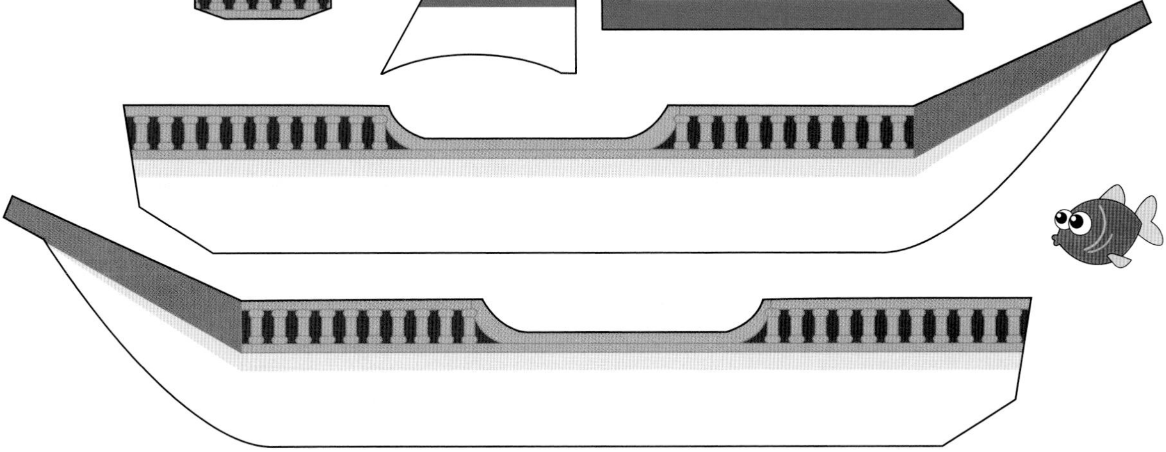

# 大偵探福爾摩斯

SHERLOCK H

M博士外傳

## ⑤ 證人的考驗

奧斯汀．弗里曼=原著　厲河=改編

陳秉坤=繪　陳沃龍、徐國聲=着色

**愛德蒙．唐泰斯** 年輕船長。因冤罪而被囚於煉獄島。

**福爾摩斯** 精於觀察分析，曾習拳術，是倫敦最著名的私家偵探。

**上回提要：**

年輕船長唐泰斯被誣告入獄，得老獄友M先生的鼓勵而拚命學習知識，後更偽裝成M先生的屍體而成功逃獄。及後，他雖然被逼當了兩年海盜，但其間習得一身武藝和鍛煉出過人膽色。在覓得機會後跳船離開，但重返故居時其父已人去樓空。於是，唐泰斯化身成意大利神甫，找到改行經營旅館的醉酒鬼鄰居、綽號裁縫鼠的卡德，從他口中確認老父已餓死，而陷害自己的是法老號的同僚唐格拉爾和妻子的表哥費爾南。為了向見死不救的裁縫鼠報復，他訛稱唐泰斯已死於獄中，自己是遺囑執行者，依唐泰斯的遺願把五顆鑽石相贈，更指如把鑽石拿去阿姆斯特丹打磨和出售的話，可賣得更高價錢。裁縫鼠以為飛來橫財，並不知道當中暗藏殺機……

翌日一早，裁縫鼠卡德馬上走去買了船票，他只須乘搭於晚上**7時58分**在伯德山姆火車站開出的火車，就能趕上開往阿姆斯特丹的夜船。

這幾天都沒有客人住房，兼職女工也沒事情可幹，卡德就說自己要遠行，叫她休息一個星期。

「沒想到在**山窮水盡**的時候竟然飛來橫財，我的運氣實在太好了！」卡德坐在小酒吧的圓桌旁把弄着手中的鑽石，**沾沾自喜**地想道，「哈哈，幸好我沒告訴那個神甫，當時我只要及時跑上6樓看看，愛德蒙的老父可能就不必**餓死**了。但我沒那麼做，為甚麼呢？

明明聽到樓上整天也沒有腳步聲，我本該上去看看的呀。這只是舉手之勞，我為甚麼沒上去呢？對了，我不喜歡多管閒事，人家是死是活，跟我無關啊。哈哈，我就是這種人，怎會自招麻煩。」

他想到這裏，開心地把鑽石收進小皮袋中，然後走到旁邊的小酒吧倒了杯酒，呷了一口又想：「把鑽石賣掉後，一定要享受一下。怎樣享受好呢？對了，去旅行吧。去甚麼地方好呢？唔……巴黎？還是羅馬？實在太令人煩惱了。哈哈哈，沒想到有錢還要煩惱，我真犯賤啊。哇哈哈，真犯賤。對了，去阿姆斯特丹時，在船上有的是時間，到時再慢慢策劃一下旅程吧。唔？時間差不多了，該去收拾一下出門的行李了。」

裁縫鼠連忙把酒喝完，當他洗乾淨杯子正準備上樓去時，一陣腳步聲從外邊傳來，把他嚇了一跳。

「唔？這個時候還有客人來租房嗎？」他把小皮袋塞進口袋裏，然後小心翼翼地走到門口，探頭往外看去。

一小團火光照亮了一個男人的臉，他戴着一頂氈帽，鼻樑上掛着一副金絲眼鏡，臂彎上鉤着一把長雨傘，看來正在點煙。他點着了煙後，就隨手把火柴丟到石板徑上。

「請問——」裁縫鼠打開門，走出去喊了一聲。

「啊——」那人聞聲抬起頭來，吐了一口煙後問道，「打擾了，請問這條路是不是通向伯德山姆車站？」

「不，你走錯了。」裁縫鼠答道，「前面有條小路，那條小路才是往車站的。」

「甚麼？是哪條小路？」那人抱怨說，「哎呀，我走了好多條小路啊！太麻煩了。」

「這附近的小路錯綜複雜，很容易迷路。」裁縫鼠聽到對方說要去火車站，就問道，「請問先生要趕哪一班火車？」

「7點58分那一班。」

「真巧，我也是要坐那一班火車呢。」

「是嗎？難道你也是趕夜船去阿姆斯特丹？」

「是呀，我已買了船票。」

「太好了，你可以帶我一起去火車站嗎？我不想再迷路了。」

「可以呀。」裁縫鼠記起神甫說過，很多鑽石商也會乘那一班夜船，看來這個陌生人正是其中一位吧。

「那麼，你準備動身了嗎？」那人問。

「車站距離這裏只有四分之三哩，現在還早呢，要喝杯酒嗎？反正我還沒熄掉壁爐的火，可以進來坐坐，暖和一下，半個小時後再動身也不晚。」裁縫鼠心想，請他進來喝杯酒，可以向他打聽一下打磨匠和鑽石的行情。

那人臉帶戒心地看了看旅館的招牌，猶豫了一會才說：「也好，就喝一杯酒再走吧。」

裁縫鼠連忙走過去把院子的鐵柵欄打開，說：「先生，請往這邊走。」

「謝謝你啦。」那人彎下腰來，提起放在地上的行李箱，跟着裁縫鼠走進了院子。他生怕浪費似的使勁地吸了幾口煙，才把手上那半截煙丟到地上，再用鞋底把煙踩熄。

裁縫鼠領着那人走到酒吧的小圓桌旁，讓他坐下後有禮地問道：「請問先生貴姓？」

「我姓布羅斯基，你是這家旅館的掌櫃嗎？」那人說着，把行李箱放在腳旁，再把雨傘橫放在行李箱上。

「是，我是掌櫃，也是老闆。」裁縫鼠自嘲地答道，「一腳踢，甚麼都歸我管。」

「是嗎？」布羅斯基似乎不懂得欣賞裁縫鼠的自嘲。

「要吃些餅乾打發一下時間嗎？」

「嗯，好的。」布羅斯基謹慎地環顧四周，**心不在焉**地應道。

裁縫鼠走去小酒吧倒酒，又從餅乾罐中拿了幾塊**燕麥餅**放在一個小碟子上。這時，布羅斯基脫下氈帽，發覺身旁沒地方放，就把它放在角落的一把扶手椅上。

「吃些燕麥餅吧，餓着肚子上路可不好。」裁縫鼠走回來，在桌上放下那一小碟燕麥餅和兩杯**威士忌**。

布羅斯基說了聲謝謝，就吃起燕麥餅來。

裁縫鼠呷了一口威士忌，試探地問：「先生，你是去**阿姆斯特丹**談生意的吧？」

布羅斯基嘴裏吃着餅乾，只能簡單地「**嗯**」一聲。

「我知道乘那班船的大都是做鑽石生意的，請問你也是嗎？」

布羅斯基又「**嗯**」的一聲，點點頭。

「我是外行，這次去阿姆斯特丹想找一個可靠的**打磨匠**，請問可以介紹一位嗎？」

「嗯，好（可）以呀。」布羅斯基咀嚼着餅乾，含糊地回答。

「太好了！謝謝你。」

布羅斯基用力地咀嚼了幾下，再呷了兩三口威士忌，才說道：「你問對人了。我正好有些**鑽石**要找打磨匠打磨，到了阿姆斯特丹，你跟着我來就行。」

「真的嗎？遇着你太幸運了，我剛才還在發愁呢。」

「你要打磨多少顆鑽石？」布羅斯基隨意地問。

「我嗎？只是幾顆罷了。」裁縫鼠說。

布羅斯基再喝了一口酒，說：「幾顆？那費不了多少工夫，兩三個小時就能弄好。我嘛，可要獃幾天才行。」

「啊……」裁縫鼠注意到，對方說到「**要獃幾天才行**」時，眼尾不經意地看了一下放在腳旁的**行李箱**。

「要獃幾天才能打磨完嗎？」裁縫鼠心中暗自盤算，「那麼，他豈不是帶着至少**幾十顆**甚至**上百顆**鑽石？」

「這燕麥餅味道不錯，用來送酒最好。」布羅斯基說着，又拿了一塊餅乾塞進嘴巴裏。

「是嗎？你喜歡就最好了。」裁縫鼠敷衍地應道。

他偷偷地瞄了一下客人腳旁的行李箱，心中暗忖：「那箱子裏竟藏着那麼多鑽石，究竟值多少錢呢？看來……數千鎊總少不了。太……太厲害了，要是屬於我的話，就**一世無憂**了。」

「好吃，真好吃。」布羅斯基說着，不經意地問道，「對了，你那幾顆鑽石呢？拿來給我評估一下吧，我一看就知道值多少錢。」

「是嗎？」裁縫鼠下意識地摸一摸口袋，但他並沒有把小皮袋掏出來，反而站了起來說，「我去拿來。」

裁縫鼠不知道為何要騙對方，但**身體比腦袋要誠實**，他已站了起來，他感到某種**危險的信號**已在自己的腦袋中一閃一滅。

「我去拿來。」他重複地說了一遍，然後走到小酒吧後面的廚房中。他茫然地站着，只感到心臟怦怦地跳，卻不知道自己該做甚麼。

突然，他想起了自己一生所犯過的罪行……

8歲時，偷過鄰家放在桌上的幾個**先令**。

10歲時，偷過班上同學的一枝**鉛筆**。

15歲在裁縫店學師時，師母管得嚴，只能偷吃店裏的**糖果**。

自己開裁縫店後，偷偷收下客人剩下來的**布**簡直就是家常便飯。

對了，曾有客人在房間裏遺下一隻**懷錶**，當然是袋袋平安。

「那是最值錢的東西了。」他心中暗罵自己，「我這個人膽子實在太小了，犯下的都是些雞毛蒜皮的小罪，難怪發不了大財。」

想到這裏時，靠在牆角的一根**鐵枝**闖入他的眼簾。他記得，那是早前維修院子的柵欄時剩下來的。他**不由自主**地走了過去，拿起了那根尖銳的鐵枝。

「鑽石……那傻瓜的行李箱裏……有好多……好多鑽石……」裁縫鼠握緊鐵枝，一個**邪惡的念頭**在他的腦袋中縈繞不散，「我走運了……竟會遇上這種**千載難逢**的機會！好大的一隻羊牯……居然自動送上門來……不宰了牠還算男人嗎？對！昨天那位神甫送給我五顆鑽石，其實是一種暗示，暗示我要發大財了！這是**上天的旨意**，那幾千鎊是送給我的！」

想着想着，他走近廚房的窗口往外張望，只見外面漆黑一片，除了蟲叫之外，一點聲音也沒有。這裏遠離大路，是一家**孤零零**的小旅館，夜晚絕少有人走近，那傻瓜本來是去乘火車的，就是說，沒有人知道他會迷了路走到這裏來。

「兼職女工已回家了，不會**無緣無故**地回來。」裁縫鼠心中暗想，又從口袋中掏出懷錶看了看，「還有一個小時左右就開車了，現在！現在就是動手的好時機。一定不會有人看見！」

他下定決心後，用力地揮動了一下手上的鐵枝，然後**躡手躡腳**地走出了廚房。靠近小酒吧後，他停下腳步，悄悄地把頭探出去窺看，只見布羅斯基已吃完燕麥餅，正在捲着一枝煙，又用舌頭舔了一下**煙紙**，看來剛好捲完了。接着，他挪了一下屁股，把**煙草袋**塞回褲袋中。

裁縫鼠把頭縮回來，到了關鍵時刻，他的決心又有點動搖了：

「這樣衝出去的話，給他發現了怎辦？他比我壯健，打起來，我不一定是對手啊。」

　　這時，「嚓」的一聲響起，打斷了裁縫鼠的思路。他側耳傾聽了一會，接下來卻一點動靜也沒有。不過，一陣煙味很快就傳過來，他知道，剛才是布羅斯基擦了一根**火柴**，點着了煙。

　　他再探頭去看，果然，布羅斯基正在抽煙，頭頂上還冒起了一縷白煙。

　　「怎樣？該動手了嗎？」裁縫鼠內心**自問自答**，「不，不能動手，太危險了。而且，就算成功，給抓到了，必定被判死刑！」

　　這時，布羅斯基又挪動了一下屁股。突然，裁縫鼠發現布羅斯基的腰間露出了一小截尖形的**皮套**，該是他把煙草袋塞進褲袋時，不小心露出來的。

　　「**啊……那……那是匕首用的皮套！**」裁縫鼠大吃一驚，退後了一步。同一剎那，「噹」的一聲響起，他手上的那根鐵枝碰到了地板。

　　響聲嚇得布羅斯基霍地跳了起來，並迅即往腰間一摸，拔出了閃閃發亮的匕首。

　　「啊！」裁縫鼠與布羅斯基**目露兇光**的眼睛對上了。

　　「哼！**偷偷摸摸**的，拿着那根鐵枝想幹甚麼？」布羅斯基冷冷地問。

　　「我……」裁縫鼠赫然一驚，不知道如何回答。

　　「放下鐵枝，快把鑽石拿來！」布羅斯基舉起匕首，指着裁縫鼠厲聲喝道。

　　「甚……甚麼？原來……原來你是來**打劫**的？」

　　「嘿，還用問嗎？快把鑽石拿來，我只謀財，非迫不得已，不想害命。」布羅斯基說着，突然猛地衝前，直往裁縫鼠撲去。

　　「**哇呀！**」裁縫鼠大驚之下，舉起手上的鐵枝就打。「嚓」的一聲，鐵枝雖然碰到了矮矮的**天花板**，但阻不了猛力的攻擊，直往布羅斯基迎頭痛擊。

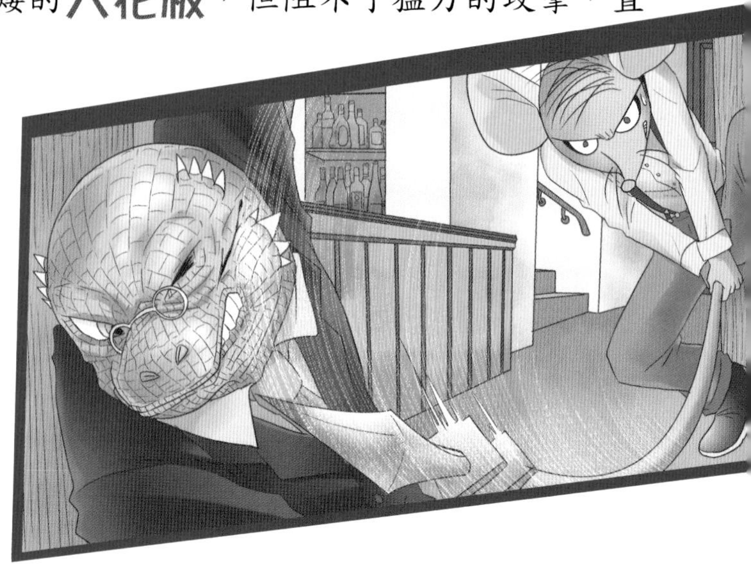

布羅斯基敏捷地往旁一閃，雖然閃過了攻擊，但面頰上卻被劃出了一絲**血痕**。裁縫鼠得勢不饒人，發了瘋似的揮動鐵枝亂舞。

「**豈有此理！**」布羅斯基大怒，但在裁縫鼠的連番進逼下不得不連退幾步，更「**砰**」的一下撞倒了小圓桌，令桌上的東西「**乒乒乓乓**」地散落一地。

「怎樣？好了點吧？」火車上，一個繫着紅色領巾，穿着黑色大衣的中年紳士向坐在廂房裏的孕婦問道。

「謝謝你，我好多了。」年輕的孕婦摸摸大肚子，虛弱地回答。

「那就好了。」站在旁邊的老乘務員放下**心頭大石**，他擦一擦額頭上的汗水說，「太太，幸好碰到這位醫生在車上，否則我也不知道該怎麼辦啊。」

「不要客氣，**舉手之勞**而已。」那位紳士笑道，「但別誤會，嚴格來說我不算是為病人看病的醫生，我是**蘇格蘭場的法醫**。」

「法醫？甚麼意思？」老乘務員問。

「你沒聽過嗎？也難怪，講起蘇格蘭場，大家都知道警探，卻很少人注意法醫的存在。簡單來說，就是幫助警方檢驗兇案中的屍體，確定受害人的**死因**，和從屍體上找尋證據，協助警方追尋兇手。」

「啊……」年輕孕婦臉上露出了一絲不安。

「太太，不用擔心。」中年紳士笑道，「法醫也是學醫的，所以也懂得醫治一般的疾病。」

「啊，原來先生是來自蘇格蘭場的，你是來查案的嗎？」老乘務員好奇地問。

「不，我是去伯德山姆換車，乘支線去華明頓找朋友。」

「是嗎？下一站就是伯德山姆了。」老乘務員往窗外看了一下，「糟糕，原來快到站了，我得去準備一下。」說完，他匆匆忙忙地走出了廂房。

中年紳士待他走遠了，才別有意味地向孕婦遞了個眼色，道：「你幹得很好，請下車後儘快換車離開，別引起人注意。」

年輕孕婦嚴肅地點點頭，只說了一聲：「明白。」

中年紳士拿着醫生用的手提包走出廂房，掏出懷錶瞥了一眼，口中呢喃：「7點30分，那傢伙該到站了吧。」

待火車停下來後，中年紳士走出了站台。這時，他注意到在站台的一端站滿了人，他們都紛紛望向往黑暗中伸延的路軌。

「出了甚麼事嗎？」中年紳士走近人羣後，看到剛才那個老乘務員，於是向他問道。

「聽說離這裏半哩左右的路軌上，有一個男人被貨車撞了。」老乘務員惴惴不安地說。

「是嗎？」中年紳士眉頭一皺。

「看！一定是站長他們回來了。」老乘務員指向幾十碼外的路軌說，那兒有一圈由提燈發出的光暈在黑暗中搖搖晃晃。

「是啊，他們回來了。」

「不知道死了沒有。」

「給火車撞到，一定凶多吉少。」

「是啊，太慘了。」

羣眾們看着由遠而近的那圈光暈議論紛紛。不一刻，兩個男人抬着一副擔架沿着路軌走近，從蓋在擔架上的雨布可以看出，下面躺着一具屍體。兩人走上連接月台的斜坡，氣喘吁吁地把擔架抬向鐵路員的休息室。一直跟在後面的，是拿着提燈的站長和拎着一個行李箱和一把雨傘的鐵路員。

中年紳士一直注視着那副擔架，當他看到屍體的左手忽然從雨布下掉出來時，眼底霎時閃過一下驚愕。那隻手的無名指上，戴着一枚閃閃發亮的鑽戒。

這時，站長看到了老乘務員，他神色緊張地問：「警察到了沒有？」

「啊，警察嗎？好像還沒到。」

「還沒到嗎？」站長擔心地呢喃。

「有甚麼可以幫忙嗎？」中年紳士主動趨前問。

「啊，對了。」老乘務員這才記起身旁這位特別的乘客，他連忙向站長介紹，「這位先生是蘇格蘭場來的法醫，剛才乘我那班車，幫忙照顧了一位肚子痛的孕婦。」

「蘇格蘭場？」站長眼前一亮，「太好了，可以請你看看那個死者嗎？」

「可以呀，反正去華明頓的車還有一個小時才到。」中年紳士爽快地答應。

「謝謝你，請跟我來吧。」說着，站長馬上帶領中年紳士走進了員工休息室。他亮起煤氣燈後，可以看到那副擔架已被放在靠牆的桌子上，行李箱和雨傘則放在一個木箱上，旁邊還擺着一副被壓爛了的**金絲眼鏡**，但鏡片已不見了。

「在一個急彎的路軌上，載貨的火車輾過了他。」站長**猶有餘悸**地往隆起的雨布看了一眼，「據司機說，當在車頭燈的燈光下發現他**橫躺在路軌上**時，要踩閘已來不及了，車頭和六節車廂從他身上輾過去後，火車才完全剎停。」

「司機說他橫躺在路軌上，具體情況是怎樣的？」中年紳士問。

「司機說他臉朝下，腰部架在路軌上。就是說，**上半身在路軌中間**，**下半身在路軌外面**。看樣子，他是故意躺在那裏的。」

「附近有平交道嗎？」

「沒有，十哩之內都沒有平交道。」站長說，「他一定是攀過圍欄，走到路軌上去的。」

「這麼說來，你認為這是**自殺**了？」

「這個嘛……」被這麼一問，站長卻猶豫了，「我只是胡亂推測而已。」看來他意識到，在蘇格蘭場的專家面前，不應**班門弄斧**。

「唔……這種案子，只有三個可能。一是交通意外；二是自殺；三是他殺。」中年紳士解釋道，「我們可以從兩個方向展開調查：**①驗屍，在屍體上找尋線索**。**②搜證，在發現屍體的地點搜集證據**。當然，如果知道死者是誰，他來幹甚麼的話，還可以從他的背景去調查。你們認得他是誰嗎？」

「不認得，應該不是鎮上的人。」站長答道。

「如果站長不認得，我也不會認得。」老乘務員惟恐要他去認屍似的，慌忙搶道。

「那麼，我們首先該從屍體上搜集線索。這個工序愈快愈好，時間久了，有些線索就會自行消失了。」中年紳士走過去揭開雨布說，「這是我的專業，在警察到達之前，就由我先來看看吧。」

「好的，麻煩你了。」站長噓了一口氣。

中年紳士打開他的手提包，拿出了兩把**鑷子**和一個**放大鏡**，

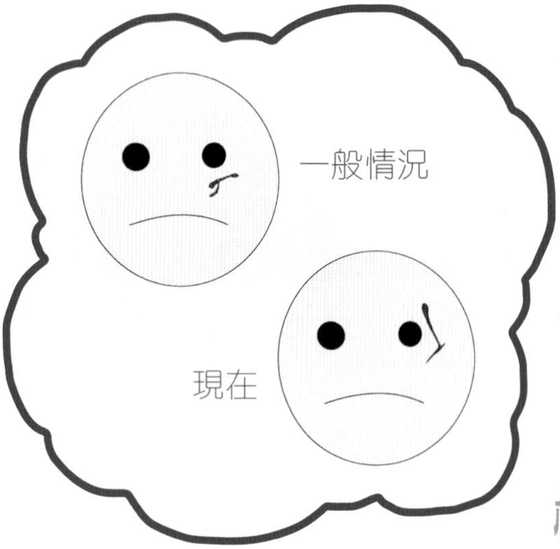


說：「請把提燈拿過來，照着他的面部。」

站長慌忙走過去，把提燈舉起。

「唔？他的面頰被輕輕劃破了呢？」中年紳士仔細地檢視了那條由面頰伸延至額頭的血痕後，自言自語道，「他在路軌上是面朝下，血應該向鼻樑的方向流呀，怎會流向額頭呢？」

「是嗎？會不會是我們搬動他時造成的？」站長問。

「不，這道血痕已乾了，應該是在火車輾過他之前留下的。」中年紳士說，「就是說，他面頰被刮傷流血時，他還未俯臥在路軌上。」

「啊……」站長和老乘務員雖然不明白這說話的含意，但都感到當中可能隱含着甚麼重要的信息。

接着，中年紳士用鑷子翻開死者的嘴唇，湊近嗅了嗅，再用放大鏡仔細地檢查他的口腔和牙齒。不一刻，他好像又發現了甚麼似的，用鑷子從死者的牙縫中，夾出了一粒棕褐色的、極細小的東西和一條紅色的纖維。

「那些是甚麼？」站長好奇地問。

中年紳士把那兩樣東西放在放大鏡下檢視了一會，才應道：「是一條纖維和一粒燕麥片，他或許曾用牙齒撕開一塊布，在牙縫上就留下一條纖維了。至於燕麥片嘛，看來他在死前曾吃過燕麥餅之類的點心。」

「吃過又怎樣？難道他是被毒死的？」突然，三人身後傳來了一個沉厚的聲音。

他們轉身一看，原來一個圓鼓鼓的中年人不知何時已走了進來，一臉不爽地盯着他們。

「啊，**布朗探長**，你來了？」站長慌忙打了個招呼。

「誰允許你們觸碰那具屍體的？」布朗探長責問。

「請勿怪責他們，爭取時間驗屍是我的主意。」中年紳士放下鑷子和放大鏡，從口袋中掏出一張名片遞上，「我叫桑代克，是蘇格蘭場的法醫，剛好途經這個火車站，就——」

「甚麼？你是從蘇格蘭場來的？」圓鼓鼓的探長瞬間變臉，他熱情地握住中年紳士的手用力地搖，「桑代克先生，**幸會！幸會！**我最敬重就是蘇格蘭場的警探了！查完案後，我請吃飯。」

「幸會、幸會。」桑代克只好陪着笑臉說。

「喂！你呆在那裏幹甚麼？」布朗探長向站長喝道，「還不快舉起燈，讓我們的專家繼續工作！」

「是的、是的。」站長慌忙舉起提燈，照亮了屍體的臉。

「呀！」布朗探長大吃一驚，「**布羅斯基！**他不是布羅斯基嗎？」

「你認識他？」桑代克有點驚訝地問。

「當然認識！我在鄰鎮當探長時，曾抓過他兩次，可惜兩次都因證據不足，未能把他定罪！」探長**繪影繪聲**地說，「他是個**打家劫舍**的慣匪，最喜歡打扮成外表殷實的商人向目標下手。」

「這麼說的話，他不像一個會自殺的人吧？」桑代克問。

「他？別開玩笑了，他只會殺人，絕不會自殺！」探長**斬釘截鐵**地說。

「我剛才嗅過他的嘴巴，有一股**威士忌的氣味**。」桑代克說，「他會不會是**醉酒**後闖進路軌，被火車撞死呢？」

「不可能！這傢伙很會喝酒，連喝兩瓶也不會醉。」

「這麼說來，只餘下一個可能，**他是**——」桑代克一頓，看了看臉露驚恐的站長和老乘務員，「**——被謀殺而死的！**」

（下回預告：桑代克是何方神聖，他為何要插手布羅斯基被殺案？裁縫鼠在此案中又扮演甚麼角色？如果他是殺死布羅斯基的兇手，警方又有何證據可以證明？）

四格冷知識

透過搞笑的四格漫畫，學習意想不到的冷知識！

# 想生存就要長得可愛？

從來沒有人讚我可愛…
根據「嬰兒樣式」只要眼睛夠大，就會變得可愛喇。
我來幫幫你吧。
哪裏可愛了!!

## 可愛有定義

可愛看似是虛無的形容，但實際卻有一個簡單定義，就是「嬰兒樣式」（Baby Schema）。大部分動物的嬰兒都有相同的特點，會令人覺得可愛，並刺激人們想要呵護的本能。

**嬰兒樣式**

**大圓頭**
人類嬰兒的頭，也是一出生就很大。

**軟綿綿**
柔軟的身體和蓬鬆的毛髮會令人愛不釋手。

**大眼睛**
嬰兒就算身體很小，但眼睛一般已有成人的75%大小。

**圓滾滾**
我們會覺得圓滾滾的動物可愛，因為人類嬰兒通常也是胖胖的。

根據「嬰兒樣式」，九成人也會覺得最右邊的貓兒最可愛。

## 想生存就要長得可愛？

大部分哺乳類動物，包括人類，出生後都需要父母照顧一段長時間。所以哺乳類的嬰兒需要長得可愛，從而觸發成年動物的母性，好讓他們照顧自己。

事實上，我們會喜歡可愛的動物，也是因為他們頭與身的比例就像人類嬰兒一樣，刺激我們的母性本能，產生出想要照顧牠們的念頭。

**成語小遊戲** 語文

**《大偵探福爾摩斯》M博士外傳故事中，唐泰斯的復仇計劃終於開始了！在欣賞故事之餘，還要留意裏面出現的成語啊！**

## 〔山窮水盡〕

「沒想到在**山窮水盡**的時候竟然飛來橫財，我的運氣實在太好了！」卡德坐在小酒吧的圓桌旁把弄着手中的鑽石，沾沾自喜地想道，「哈哈，幸好我沒告訴那個神甫，當時我只要及時跑上6樓看看，愛德蒙的老父可能就不必餓死了。但我沒那麼做，為甚麼呢？明明聽到樓上整天也沒有腳步聲，我本該上去看看的呀。這只是舉手之勞，我為甚麼沒上去呢？對了，我不喜歡多管閒事，人家是死是活，跟我無關啊。哈哈，我就是這種人，怎會自招麻煩。」

山和水都到了盡頭，比喻無路可走，陷入絕境。

與「山」或「水」字有關的成語很多，你懂得以下幾個嗎？

排山□□

形容力量巨大，來勢猛烈。

□□歸山

表示放走敵人，因而造成後患。

滴水□□

比喻只要有恆心，堅持不懈，自然會成功。

□□秋水

形容深切的盼望。

## 〔雞毛蒜皮〕

「那是最值錢的東西了。」他心中暗罵自己，「我這個人膽子實在太小了，犯下的都是些**雞毛蒜皮**的小罪，難怪發不了大財。」

比喻無關重要，沒有價值的小事。

這裏有五個與動物有關的成語，但全部被分成兩組並調亂了位置，你能畫上線把它們連接起來嗎？

| | |
|---|---|
| 雞鳴 ● | ● 雞羣 |
| 獐頭 ● | ● 虎威 |
| 鶴立 ● | ● 牛後 |
| 狐假 ● | ● 狗盜 |
| 雞口 ● | ● 鼠目 |

# 〔班門弄斧〕

比喻在專家面前賣弄本領，做事不自量力。

　　「這麼説來，你認為這是自殺了？」

　　「這個嘛……」被這麼一問，站長卻猶豫了，「我只是胡亂推測而已。」看來他意識到，在蘇格蘭場的專家面前，不應**班門弄斧**。

以下五個成語都缺了兩個字，你懂得用「趨炎、孤行、若谷、夜郎、磊落」來完成以下句子嗎？

① 他學習了不到一個月，就到處吹噓自己的本領，真□□自大。

②儘管所有人都認為他的計劃不可行，但他仍然一意□□。

③他做事光明□□，所以深得大家信任。

④大家都稱讚他虛懷□□，願意聽取其他人的意見。

⑤他身邊盡是□□附勢的人，一旦他失勢，這些人必定會棄他而去。

# 〔惴惴不安〕

因擔心害怕而心神不寧。

　　「出了甚麼事嗎？」中年紳士走近人羣後，看到剛才那個老乘務員，於是抓着他問。

　　「聽説離這裏一英哩左右的路軌上，有一個男人被貨車撞了。」老乘務員**惴惴不安**地説。

包含疊字的成語很多，你懂得以下幾個嗎？

衣冠□□　形容衣飾整齊漂亮。

□□有條　形容處事條理分明。

議論□□　形容意見雜亂不一。

□□如生　形容形象生動逼真。

**答案：**

山窮水盡　雞毛蒜皮
排山倒海　雞鳴狗盜
放虎歸山　獐頭鼠目
滴水穿石　鶴立雞羣
望穿秋水　狐假虎威
雞口牛後

班門弄斧
①夜郎自大
②一意孤行
③光明磊落
④虛懷若谷
⑤趨炎附勢

惴惴不安
衣冠楚楚
井井有條
議論紛紛
栩栩如生

簡易小廚神

通識

親子

# 五彩免焗花生燕麥餅

製作難度：★★★☆☆
製作時間：30分鐘
（不包括冷藏所需時間）

大家看完M博士外傳後，也想學做燕麥餅吧！這款燕麥餅材料簡單，不用焗爐，還可以畫上色彩繽紛的朱古力。

## 所需材料

## 所需工具

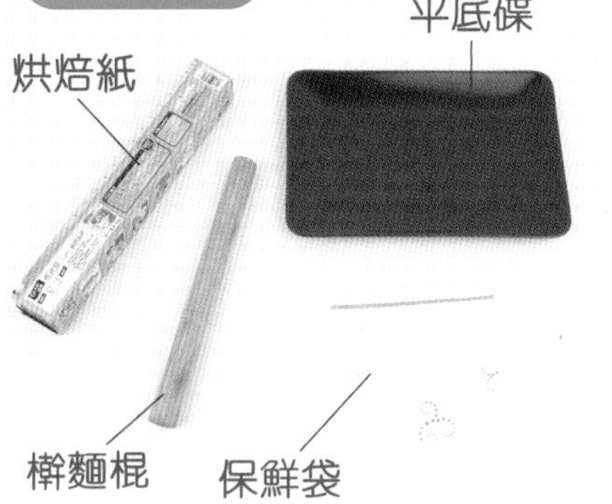


**1** 鹽焗花生放進保鮮袋裏，用擀麵棍把它碾碎。

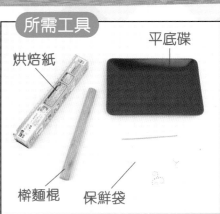

**2** 隔水熱溶牛油。

*小心熱水燙手，須由家長陪同。

**3** 牛油、砂糖、牛奶及朱古力粉加至鍋中，用小火煮溶。

*小心使用爐具，須由家長陪同。

**4** 熄火後，加進花生醬，拌勻。

**5** 加入花生碎、即食燕麥片，滴1滴雲呢拿油。

**6** 拌勻至即食燕麥片都沾上醬料。

**7** 烘焙紙墊在碟上，用湯勺舀一勺步驟⑥倒在烘焙紙上，輕輕按壓成扁圓形。

**8** 放進雪櫃冷藏3小時。

▼從雪櫃取出即可食用，你亦可用朱古力筆畫上圖案~



## 小知識 燕麥片的營養價值與種類

燕麥片所含的膳食纖維是其最重要的營養成分，膳食纖維可以幫助腸道蠕動，促進腸道將廢物排出體外，也可降低膽固醇。而市面上的燕麥片主要有即食燕麥片、快熟燕麥片和原片燕麥片，分別如下：

| | 即食燕麥片 | 快熟燕麥片 | 原片燕麥片 |
|---|---|---|---|
| 外形 | 切成薄片及碾平 | 切成厚片及碾平 | 沒有切片或碾平 |
| 烹煮時間 | 無須烹煮 | 須煮3-5分鐘 | 須煮3-5分鐘 |
| 烹煮後 | 糊狀，可以當飲品來喝 | 燕麥片完整，可吞下或嚼食 | 須嚼食，口感煙韌 |

### 哪種燕麥片最健康？

一般而言，原片燕麥片加工最少，膳食纖維含量較高，且沒有添加糖等作調味，最為健康。但不同產地或品牌的燕麥片品質不同，選購時，要留意營養標籤，膳食纖維含量愈高愈健康。

# 尖沙咀
# Tsim Sha Tsui

英國人進駐九龍後，把尖沙咀劃為軍事重鎮，建有水警總部及威菲路軍營等。及後尖沙咀被打造成深水港，並建設火車站，使它成為鐵路及海上貨運的交匯處。在火車站拆卸後，才逐漸演變成今日的遊客區。

大家試玩玩這3個地圖遊戲，從而加深對尖沙咀的認識吧！

**天星小輪**
灣仔→尖沙咀　中環→尖沙咀

**巴士**
5A（九龍城盛德街→尖沙咀碼頭）
234X（荃灣→尖沙咀東麼地道）

*上述巴士為部分路線，其他路線請參閱相關網頁。

## 路線遊

看以下尖沙咀幾個景點介紹，按順序將地圖上起點（START）串連觀光路線至終點（GOAL）吧！注意要以最短路線在行人路上行走啊！

### 1 天星碼頭

曾鄰近尖沙咀火車站，火車站在70年代遷至紅磡，原址建成今日的巴士總站、香港文化中心、香港藝術館等，只有鐘樓保留下來，並評定為法定古蹟。

### 2 香港太空館

由一格格正方形組成的蛋形建築，市民又稱它為「菠蘿包」。館內有展覽廳及天象廳，展覽廳展出與天文有關的展品，天象廳定期播放全圓頂銀幕的電影和動畫。

### 3 九龍公園

前身是威菲路軍營。建成公園後，面積擴展至13.3公頃，設有游泳池、體育館、小型足球場、兒童歷奇樂園、鳥湖等，是一家大小假日遊玩的好去處。

# 地圖找特色

尖沙咀有很多別具特色的地方，請根據以下提示在地圖上圈出正確插圖。

❶ 前身為水警總區總部，是一座維多利亞式建築。

❷ 一邊放置了昔日尖沙咀火車站部分希臘式石柱，另一邊設有大型圓形噴水池。

# 景點猜猜看

以下有關3個景點的描述，你們知道應配對哪幅相片嗎？請在相片旁圈出正確英文字母及寫上景點名稱（名稱可在地圖上找）。

**A**
- 由舊兵房改建。
- 設有以「食物安全」和「環境衛生」為主題的展廳。
- 「迷你影院」提供長約25至45分鐘的迷你電影。

**B**
- 1991年啟用，毗鄰香港歷史博物館。
- 中央擺放了全館最大型的展品「能量穿梭機」。
- 展品內容涵蓋光學、力學、聲學、交通、食品科學、家居科技等。

**C**
- 又名黑頭角和大包米。
- 山上有座訊號塔，昔日塔上有報時球，為維多利亞港的船隻報時。
- 經填海後，今訊號山已不靠近海岸。

A B C
……………………

A B C
……………………

A B C
……………………

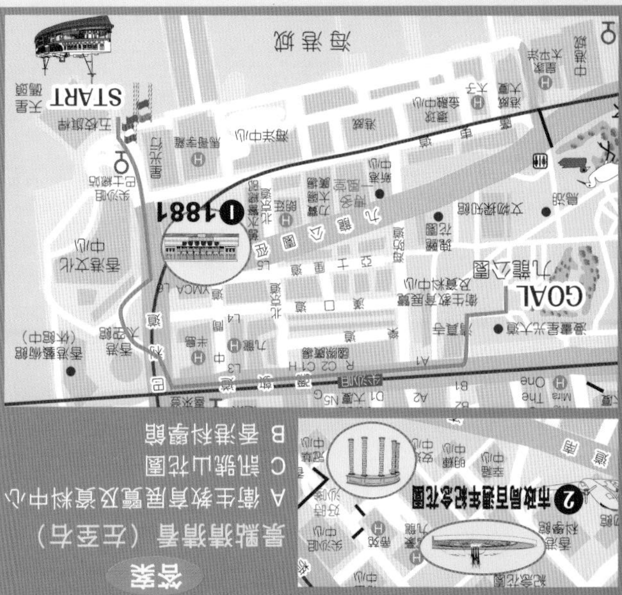


答案

景點猜猜看（左至右）

A 衛生教育展覽及資料中心

C 訊號山花園

B 香港科學館

知識小遊戲 通識 語文

# 益智問題考智慧

## 語文題

### ❶ 英文拼字遊戲

根據下列 1～5 提示，在本期英文小說《大偵探福爾摩斯》的生字表（Glossary）中尋找適當的詞語，以橫、直或斜的方式圈出來。

| | | | | | | | | | | | |
|---|---|---|---|---|---|---|---|---|---|---|---|
| S | A | K | R | H | C | O | N | D | E | M | N |
| C | J | O | D | R | L | V | E | W | K | Q | K |
| U | C | N | Q | H | C | K | G | D | E | E | J |
| M | R | C | S | H | K | M | E | L | K | V | M |
| Z | S | O | R | I | O | Y | B | P | G | J | C |
| V | E | N | L | T | R | E | W | P | H | D | H |
| R | U | T | H | L | E | S | S | L | Y | G | J |
| A | G | A | K | F | L | U | N | G | E | T | B |
| L | Z | I | H | T | J | I | O | G | P | S | K |
| W | R | N | J | A | X | B | J | G | T | L | Y |

例（動詞）抑制

1.（名詞）人渣
2.（動詞）撲向、衝向
3.（副詞）無情地
4.（形容詞）虛弱的、無力的
5.（動詞）譴責

### ❷ 看圖組字遊戲 試依據每題的圖片或文字組合成中文單字。

例

暗

a

______

b

______

c

______

# 推理題

## ❸ 誰可去旅行

活潑貓、無膽熊、教授蛋、問題羊和頑皮貓中有若干人可去旅行，但要符合以下條件：

ⓐ 去的話， 也會去。
ⓑ 和 至少有一人去。
ⓒ 和 只有一人去。
ⓓ 和 會兩人一起去或一起不去。
ⓔ 若 去， 和 都去。

結果誰會結伴去旅行？

# 數學題

## ❹ 不重複的數字

請設計兩組由1至9組成的9位數字（每組內的數字不可重複，兩組數字亦不可相同），運用算式計出同樣由1至9不會重複的9位數答案。

答案

1.

| | | | | | | | | | | | |
|---|---|---|---|---|---|---|---|---|---|---|---|
| S | A | K | R | H | C | O | N | D | E | M | N |
| C | J | O | D | R | L | V | E | W | K | Q | K |
| U | C | N | Q | H | C | K | G | D | E | E | J |
| M | R | C | S | H | K | M | E | L | K | V | M |
| Z | S | O | R | I | O | Y | B | P | G | J | C |
| V | E | N | L | T | R | E | W | P | H | D | H |
| R | U | T | H | L | E | S | S | L | Y | G | J |
| A | G | A | K | F | L | U | N | G | E | T | B |
| L | Z | I | H | T | J | I | O | G | P | S | K |
| W | R | N | J | A | X | B | J | G | T | L | Y |

2. a.嗎　b.恢　c.鵝

3. 、 會結伴去旅行

先假設 去：那麼從a得知 也會去，再從c推理出 不會去，繼而d的 都不會去，這樣b的 就必定要去，但根據e設定， 、 和 是會一起去，與d設定的 不去有矛盾，所以 會去的假設不成立。

假設 不去：那麼e的 都不會去，而b的 會去，再者d的 也會去，而c的 就不會去。

4. 987654321-123456789=864197532

♣♦少女神探♠♥

小說／南房秀久　插圖／ARUYA

# 愛麗絲與企鵝偵探華麗登場！



## 第1集

愛麗絲寄居在「企鵝偵探社」，偵探P.P.Junior竟是一隻真正的企鵝？偵探把魔法戒指交給愛麗絲，令她能進入鏡子國，作為偵探助手挑戰奇案！

## 第2集 神奇變身！

愛麗絲的同學白兔計太委託尋找須於「1時12分38秒61前上發條的懷錶」！還有從「三隻小豬」手中，拯救偷工減料的摩天大樓！

## 第3集 鏡子迷宮

愛麗絲要獨力解決一個特別任務，否則就會遭到解僱？犯罪顧問格林兄弟針對P.P.Junior，策劃一系列炸彈「遊戲」！市內陷入大危機！

## 第4集 夏日寶藏

愛麗絲受赤妃莉莉卡邀請到海邊別墅度假，他們乘火車出發，卻被捲入連續盜竊犯逃脱事件！他們在海邊尋寶時更誤闖兇狠海盜據點，陷入九死一生的危險中！

## 第5集 煩惱的萬聖節

P.P. Junior 和愛麗絲接到怪盜小紅帽的委託，請求協助犯下舉世震驚的案件，以免被怪盜聯盟開除。另外愛麗絲要邊參加萬聖節甜品比賽，邊調查電視台恐嚇事件。

2月下旬出版

# 日本大受歡迎的怪盜小說登陸香港！

小說 MYSTERIOUS 怪盜 JOKER

小說／福島直浩
原作／高橋英靖

## 第1集 開幕！怪盜飛鏢的挑戰！

Joker 的目標接二連三被怪盜飛鏢捷足先登，究竟他有甚麼目的？

## 第2集 追憶的鑽石

Joker、葵扇和鑽石女王盯上同一顆鑽石，在葵扇和鑽石女王行動時，Joker 卻猶豫不決……

## 第3集 暗夜對決！JOKER VS 影子

2月下旬出版

Joker 和影子爭奪寶物「小町黃金菊」，卻遇上偵探速水京太郎！鑽石女王、葵扇的助手黑目和影子胞妹玫瑰也加入戰團，最後寶物誰屬？

附有精美插圖提升閱讀樂趣！

# SHERLOCK HOLMES

大偵探福爾摩斯

## The Silent Mother ②

**Sherlock Holmes**

London's most famous private detective. He is an expert in analytical observation with a wealth of knowledge. He is also skilled in both martial arts and the violin.

**Author: Lai Ho**

**Illustrator: Yu Yuen Wong / Lee Siu Tong**

**Translator: Maria Kan**

**Watson**

Holmes's most dependable crime-investigating partner. A former military doctor, he is kind and helpful when help is needed.

Previously : A girl working at a restaurant was being watched by police detectives Neve and Daniel, on suspicion that she had colluded with her man on a murder. However, one week had passed and her man still had not appeared. Instead, the beast within the restaurant owner suddenly broke loose as he attempted to come onto the girl forcefully while nobody was around...

## The Surveillance ②

The plump woman *lunged* at the fat chef and **slapped** him across the face without a hint of hesitation. The slap was so hard that the fat chef was forced to take a few staggering steps backwards and almost fell down on the ground.

"You **slimy** pig! How dare you touch another woman behind my back! Go to hell!" screamed the **enraged** plump woman as she picked up a dish and tossed it at her husband.

"Ouch!" The dish landed right smack in the fat chef's head. Knowing that his wife's anger could **escalate** even higher, the fat chef took to his heels and ran out from the alley.

"You may get away this time, you fat scum, but I swear I will kill you if I catch you again!" shouted the plump woman furiously in the rain.

**Glossary** lunge(d) (動) 撲向、衝向　slap(ped) (動) 掌摑　staggering (形) 搖晃的、踉蹌的　slimy (形) 令人作嘔的、卑鄙無恥的　enraged (形) 激怒的　escalate (動) 惡化、升級　scum (名) 人渣

The girl was utterly taken aback from the unexpected scene that just played before her. Standing still under the awning, she was scared **stiff** and did not dare to move a muscle.

The plump woman turned around and marched towards the girl. Lifting up her meaty hand, the plump woman gave the girl a **fierce** slap across her face, "How dare you **flirt** with my husband!"

"No, no, no! I didn't..."

"**Sordid** liar! I saw it with my own eyes!" roared the plump woman as another painful slap landed on the girl's face. The slap was so hard this time that the girl completely lost her balance and fell into a puddle on the ground.

The rain was pouring harder and harder. **Beads** of fat rain kept **pelting** **ruthlessly** on the girl, **drenching** her from head to toe.

"**Wretched** **tease**! **Serves you right**!" shouted the plump woman **scornfully** before marching back into the restaurant through the backdoor.

Standing by the window of their hotel room, both Neve and Daniel were stunned speechless. Before the two men even had a moment to come back to their senses, the plump woman had already returned to the alley with the girl's luggage in her hands. The plump woman tossed it onto the ground with a loud bang, bursting the trunk open and its contents spilling out into the puddles.

**Glossary** stiff (副) 非常　fierce (形) 狠狠的　flirt (動) 勾引、打情罵俏　sordid (形) 卑鄙的、骯髒的　bead(s) (名) 珠　pelt(ing) (動) 擊在　ruthlessly (副) 無情地、冷酷地　drench(ing) (動) 使濕透　wretched (形) 卑賤的　tease (名) 賣弄風騷的女人　serves you right (習) 活該的、自作孽　scornfully (副) 藐視地、鄙視地

"Get out of my sight, you **ungrateful** low-life!" yelled the plump woman before stepping back into the restaurant and slamming he backdoor shut.

"What should we do now?" asked Daniel.

"Hmm…" pondered Neve for a moment. "I feel sorry for her too, but we can't go out there and help her. Otherwise, our week of surveillance work would go to waste. Now that she has nowhere to go and no one else to turn to, she might contact her man for help. We can then catch them both and complete our mission."

Daniel nodded without saying a word. Turning towards the window again, he tried his best to **contain** his tears as he watched the girl gather her belongings **miserably** in the rain.

"I understand how you feel, Daniel, but this is our job. We'll need to follow her again when she leaves the restaurant. Why don't you go ask the hotel staff if we can borrow an umbrella," said Neve as he gave Daniel a **sympathetic** pat on the shoulder.

After **shoving** her belongings back into her suitcase, the girl slowly walked out of the alley and into the main street while the heavy rain continued to **pummel** on her fully drenched body.

With heavy hearts, Neve and Daniel began to follow her under an umbrella without saying a word to each other.

**Glossary** ungrateful (形) 恩將仇報的　contain (動) 抑制、控制　miserably (副) 痛苦地　sympathetic (形) 同情的　shoving (shove) (動) 推、塞　pummel (動) 狠狠地打在

Few people were out on the streets on this rainy day. Those who walked past the rain-sodden girl only gave her odd looks and not one person stopped to ask if she needed help. Paying no attention to the looks cast on her, the girl just kept walking, seemingly with no sense of purpose or direction.

"Could this girl really be a killer?" Daniel was the first to break the silence. "She doesn't look anything like a killer to me."

Without offering a reply, Neve just cringed his eyebrows as he watched the girl stagger alone in the rain.

"What a waste of time! She is just walking around aimlessly. She doesn't look like she is heading out to find her man at all," said the irritated Daniel.

Neve turned to his young partner and asked, "What does she look like to you then?"

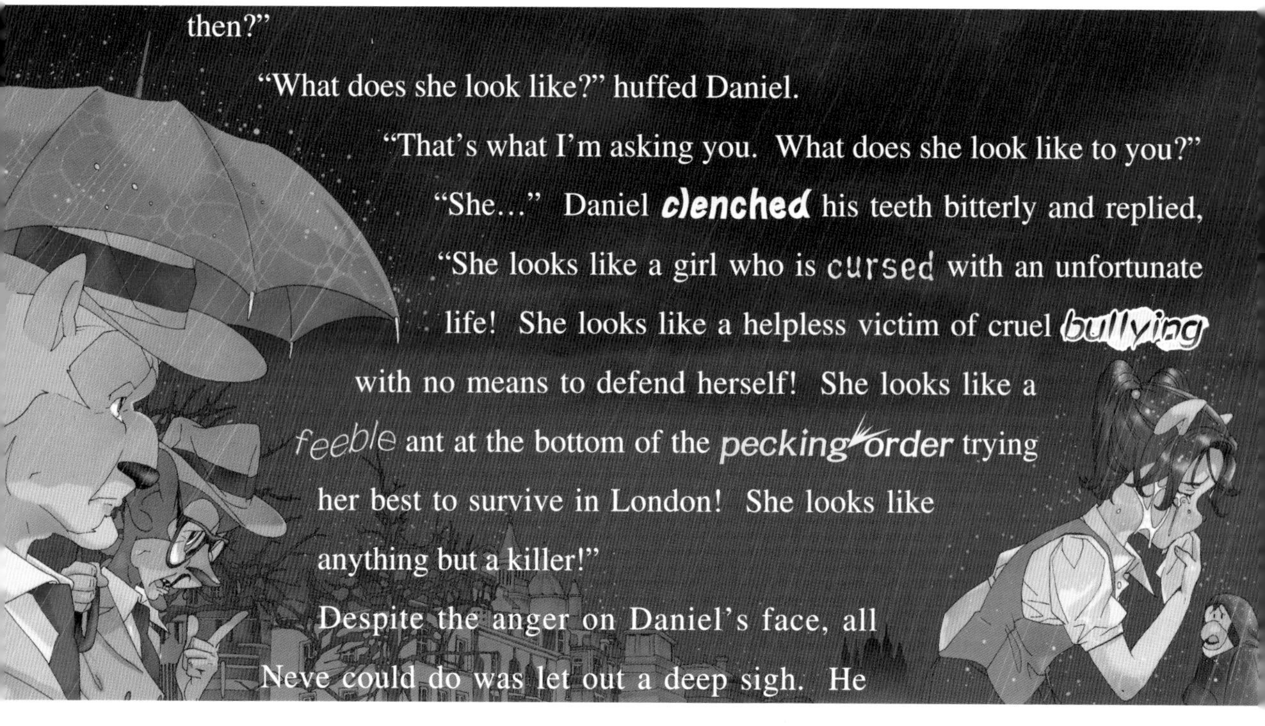

"What does she look like?" huffed Daniel.

"That's what I'm asking you. What does she look like to you?"

"She…" Daniel clenched his teeth bitterly and replied, "She looks like a girl who is cursed with an unfortunate life! She looks like a helpless victim of cruel bullying with no means to defend herself! She looks like a feeble ant at the bottom of the pecking order trying her best to survive in London! She looks like anything but a killer!"

Despite the anger on Daniel's face, all Neve could do was let out a deep sigh. He

**Glossary** rain-sodden (形) 全身被雨水濕透的　cast (動) (目光)投向　stagger (動) 搖搖晃晃地走
irritated (形) 不耐煩的、怒氣的　clench(ed) (動) 緊咬着　curse(d) (動) 詛咒　bullying (名) 欺凌
feeble (形) 虛弱的、無力的　pecking order (名) 弱肉強食的世界

knew very well that no words could persuade his young partner to change his perception. Within the past week, Neve had seen with his own eyes that this so-called murder suspect that they had been observing indeed looked nothing like a brutal killer. The girl just accepted all sorts of adversities that were thrown at her. Not once was she able to fight back. It was unfathomable that a defenceless girl like her could bring up enough courage to kill somebody.

Silence returned between the two men. All they could do now was keep on shadowing her.

The rain was pouring harder and harder. All the girl could do now was keep on walking.

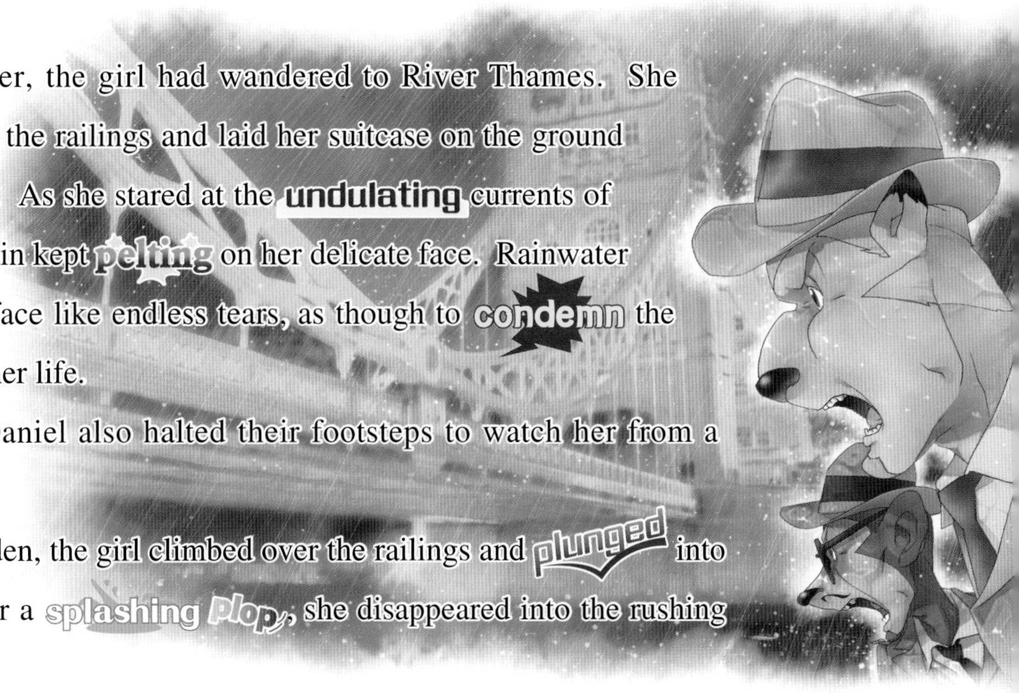

An hour later, the girl had wandered to River Thames. She stopped beside the railings and laid her suitcase on the ground next to her leg. As she stared at the undulating currents of the river, the rain kept pelting on her delicate face. Rainwater ran down her face like endless tears, as though to condemn the injustice in her life.

Neve and Daniel also halted their footsteps to watch her from a close distance.

All of a sudden, the girl climbed over the railings and plunged into the river. After a splashing Plop, she disappeared into the rushing water.

## The Birth Mother from 49 Years Ago

"My name is Harry Stowe. I am 52 years old and my adoptive parents took me into their home when I was just 3 years old," said a man who suddenly came to 221B Baker Street. He took a nervous gulp before continuing, "I would like to look for my birth mother, but we've been separated for 49 years."

Sherlock Holmes widened his eyes and stared at the man standing before him for a moment before asking, "You must be joking, Mr. Stowe. You've lost touch with her

**Glossary** perception (名) 觀點、看法　adversities (adversity) (名) 厄運、不幸的事
unfathomable (形) 難以想像的、不可理解的　undulating (形) 波浪起伏的　pelt(ing) (動) 打在、猛落　condemn (動) 譴責
injustice (名) 不公平　plunge(d) (動) 跳　splashing (形) 水花四濺的　plop (名) 撲通一聲
adoptive parent(s) (名) 養父母　gulp (名) 吞一口

for 49 years. How could we possibly locate your mother in this whole wide world?"

"But Mr. Holmes," **pleaded** Stowe ***frantically***, "you came highly recommended by Scotland Yard detectives Gordon Riller and Carlson Fox. They said you are a man who could achieve the impossible."

"They recommended me to you? Why **on earth** are they referring a case to me all of a sudden?" uttered Holmes as he turned his head towards Dr. Watson. "Watson, doesn't that seem odd to you too?"

Watson just smiled without offering a reply. He knew very well that the Scotland Yard duo was always too **arrogant** to admit their limitations. They absolutely hated it whenever they needed to ask for Holmes's help. Yet they eagerly referred this case to Holmes? There must be a special reason behind.

"Well, you see," said Stowe **bashfully**, "the police chief is a good friend of mine, so he was the one whom I had **solicited** help from originally, upon which the chief requested detectives Riller and Fox to assist me in my search. After hearing my story, the two detectives recommended you to me, saying that you are most suitable for the task since you are an expert in finding missing people."

"I knew it! Those two **clowns** can't possibly be that generous," said Holmes with a sour chuckle. "They didn't want to take on this troublesome case, but at the same time, they didn't want to displease the police chief, so they decided to pass the ball to me."

"Oh..." Looking distressed, Stowe was at a loss

**Glossary** plead(ed) (動) 懇求　frantically (副) 拚命地　on earth (片) 究竟　arrogant (形) 自大的、傲慢的
bashfully (副) 尷尬地、難為情地　solicit(ed) (動) 請求　clown(s) (名) 蠢才、小丑

for words.

"But they were right about one thing," said Holmes. "I am an expert in finding missing people. The more difficult the case, the more I enjoy the challenge. However, please know that my fees are pretty **pricey**."

"Money is not a problem. I'm willing to pay anything."

Holmes threw a tacit look to Watson. Catching on right away, Watson gave their visitor a quick once-over.

Dressed like a **posh** gentleman, Watson could see that Stowe was obviously a wealthy man. Stowe was wearing not only an expensive suit but also an **exquisite** watch. Since Holmes was running low on cash lately, Holmes would likely quote a **steep** figure as his fees this time.

Just as Watson had expected, Holmes put on an **aloof** tone and said to Stowe, "I must tell you that I am currently very busy with other cases. If I do take on this commission, I would need to **shuffle** around my schedule and **squeeze out** time to handle your case especially. Therefore, an extra 50% must be added on top of the usual fees."

"That is fine. I will pay any amount you want."

"Oh, I'm glad to hear that." Surprised by Stowe's swift reply, Holmes immediately added, "You must understand that finding a person with whom you have lost touch for 49 years is going to be extremely difficult, so even if we couldn't track her down at the end, half the fees is still payable for all the work involved." After saying those words, Holmes whipped out a piece of paper and wrote down the terms and conditions along with a **chargeable** amount.

Stowe took the piece of paper and replied swiftly

**Glossary** pricey (形) 昂貴的 posh (形) 豪華的、上流社會的 exquisite (形) 精緻的 steep (形) 離譜的、過高的 aloof (形) 冷淡 shuffle (動) 調動 squeeze out (動+介) 擠出 chargeable (形) 應付的

after a **glimpse**, "It's a reasonable price. Let's shake on it."

Holmes could not contain his look of disappointment upon realising that he had quoted a fee that was too low. Taking a peek at Holmes's face, Watson could not help but sneak a chuckle. Holmes might be a very skilled observer and could tell at a glance whether someone is wealthy or not, but his **quotations** were never aggressive enough to squeeze every penny out of his rich clients.

Now that Stowe had accepted his quotation, Holmes could not go back and alter the amount. Since there was no point in beating himself up for not **striking** a better deal, Holmes decided to tackle the case straightaway and asked Stowe, "You have been separated from your birth mother for so many decades. What makes you want to look for her now?"

"This is what happened…" Letting out a deep sigh, Stowe began to tell his story.

Stowe was born in a charity children's shelter in Ireland 52 years ago. At age 3, the shelter found a wealthy family who was willing to **adopt** him. From that day onwards, he had been living in London with his new family.

His adoptive parents loved Stowe like he was their own son. Never once had they mentioned the charity children's shelter to him. Stowe grew up thinking that he was part of a perfect family and was totally unaware of his own history.

Without uttering a word to Stowe about his adoption, Stowe's adoptive father died the same year when Stowe graduated from university. It was not until his adoptive mother became very ill a year ago that she told him the truth before she died. Only then did Stowe realise that his birth mother was someone else.

"My adoptive mother felt very guilty that she had kept the truth from me all this time. She encouraged me to look for my birth mother, hoping that I would be able to **reunite** with my birth mother someday," said Stowe sadly. "But according to

**Glossary** glimpse (名) 看了一眼　quotation(s) (名) 開價、報價　striking (strike) (動) 達成、得到
adopt (動) 收養、領養　reunite (動) 重聚

the rules of the children's shelter, both the parents giving up their child for adoption and the parents taking in the child were not given any information about each other's identities. My adoptive mother never knew who my birth mother was. She had only accidentally heard the shelter call my birth mother 'Sophia' once, but she never found out what my birth mother's surname was. The shelter had also suggested that my adoptive parents should change my name as a way to cut off all ties with my birth family, but my adoptive mother decided to keep it because she liked the name 'Harry' and because she wanted me to have a reminder of my roots."

"Do you know where was that charity children's shelter located?" asked Holmes.

"My adoptive mother told me that the shelter's name was Donore Charity Children's Shelter," said Stowe as he pulled out a note. "Here is the address. It is located in a small town in Ireland, but it is now **renovated** into an elderly home. According to my adoptive mother, the day that she brought me home from the shelter was 10th of August, 1839."

"This is good. At least we have some sort of a lead."

"Actually, I've visited the elderly home already," said Stowe as he shook his head. "The people in charge of the elderly home told me that the children's shelter had shut down some twenty odd years ago. Since there are no written records on the children's shelter, they don't know anything about its history."

"I see," said Holmes, understanding Stowe's **sunken** feeling. "Mr. Stowe, you said that you were 3 years old when you left the children's shelter. Do you remember anything from that time? Like what your birth mother looked like or what sorts of people were at the shelter?"

"I don't recall much, to be honest. I only **vaguely** remember that there was a

**Glossary** renovate(d) (動) 翻新、改建 sunken (形) 失望的、低沉的 vaguely (副) 依稀地、模糊地

big tree in front of the shelter. I remember running around the tree with other children," said Stowe. "That tree was still standing when I visited the elderly home a few months ago. It brought back a nostalgic feeling."

"Is that the only thing you could remember?"

"Yes, and…" hesitated Stowe, as though something had just sprang to his mind. "And a very distinctive flavour."

"Flavour?"

"During the couple of days before I left the shelter, I was given a kind of sweets everyday. They were very tasty so I remember them quite well."

"How could you have forgotten everything else but the flavour of a sweet?" asked Holmes incredulously.

"I'm sorry, but the sweet was too tasty. It was unforgettable," said Stowe sheepishly.

"No, that is understandable," said Watson who had been listening quietly all this time. "Children are very sensitive to flavours. Flavours can easily be imprinted into their memories, especially if they find the flavours delectable. Tasty sweets were hard to come by in those days, so it's not surprising that you still remember the flavour of those sweets even after so many decades."

"That makes sense," said Holmes while nodding his head. "Mr. Stowe, you were just a small boy at that time, so I shouldn't blame you for not remembering much. Can you tell me what did those sweets taste like?"

"The flavour? It's difficult to describe in words," said Stowe. "I ate those sweets

**Glossary** nostalgic (形) 懷念過去的 distinctive flavour (形+名) 獨特的味道 incredulously (副) 懷疑地 sheepishly (副) 難為情地 imprint(ed) (動) 留下印記 delectable (形) 美味的

so many years ago and I haven't tasted the same flavour of sweets ever since."

"Was the flavour that unique? I wouldn't mind trying one myself if I had a chance," said Holmes lightly.

"Please pardon my partner, Mr. Stowe. Holmes is interested in anything that is unique, especially if it is something **edible** and tasty," said Watson to Stowe with a smile.

For the time being, Holmes and Watson both thought the flavour of the sweets was just a minor detail that need not be taken to heart. However, they would soon realise that this seemingly **insignificant** flavour was key to **unravelling** an **enormous** secret, a secret concealing the truth behind the tragic separation between Stowe and his birth mother 49 years ago.

Next time on **Sherlock Holmes** — During their investigation near the children's shelter's old address, Holmes and Watson discovered that the children's shelter was involved with immoral dealings in the past. They also found out about a murder that happened at the children's shelter on the same day as Stowe's adoption.

**Glossary** edible (形) 可吃的 insignificant (形) 微不足道的 unravel(ling) (動) 解開 enormous (形) 重大的

# 讀者信箱

香港從小漁村發展成國際知名的轉口港，都是依靠着船。可是作為交通工具，隨着陸路交通發展，船的重要性已不及以往了，所以不妨在假日多乘船，欣賞香港海岸的景色吧。

《兒童的學習》編輯部

**讀者意見區**

M博士死了為甚麼還叫《M博士外傳》呢？而且唐泰斯能否逃獄與M博士有關係嗎？

馮逸朗

《M博士外傳》的故事還有很長，繼續看下去就會知道答案！

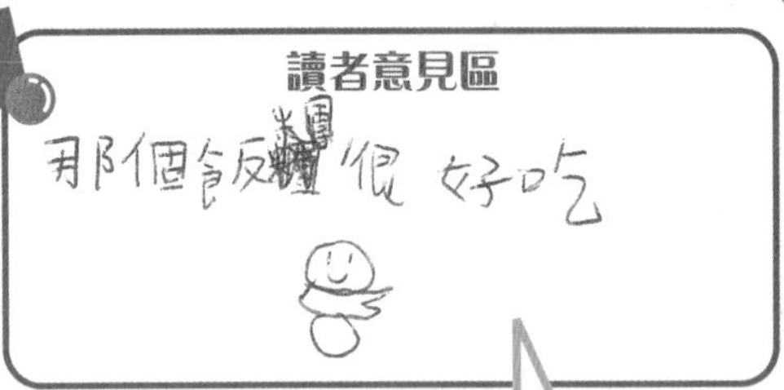


周淳信

謝謝你喜歡，其實只需用簡單材料和方法，就能做出美味的食物了！

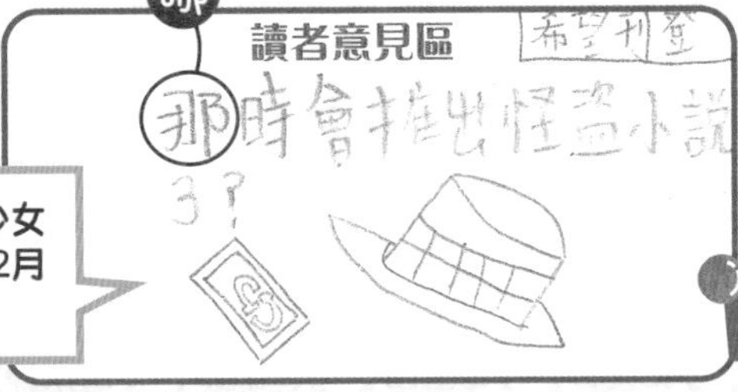


賴君灝

小說《怪盜JOKER》第3集和《少女神探 愛麗絲與企鵝》第5集都會於2月下旬出版，喜歡的讀者要留意啊！

# 插圖畫廊

洗一信

李惟信

錢致兆

臉紅的華生很可愛，9分。

李俊軒

# 教授蛋答問區

## Q1 為甚麼點數卡有特定的價錢？

點數卡有特定的售價，是為了方便廠商計算。現在有些充值的點數卡，在價格上會更有彈性，只要求每次充值的金額為整數。

提問者：胡皓然

## Q2 能更詳細解釋保險嗎？

以醫療保險為例，我們定期繳付一定金額（保費）予保險公司，當生病或發生意外需要住院時，保險公司就會根據情況賠償一定金額作治療用途，令我們不用一下子拿出一大筆金錢。但每份保險的保障範圍都是不同的，要小心看清楚啊。

提問者：王志軒

如果大家有任何疑問，可寫在問卷上寄回來，讓教授蛋解答。

# SAMBA FAMILY

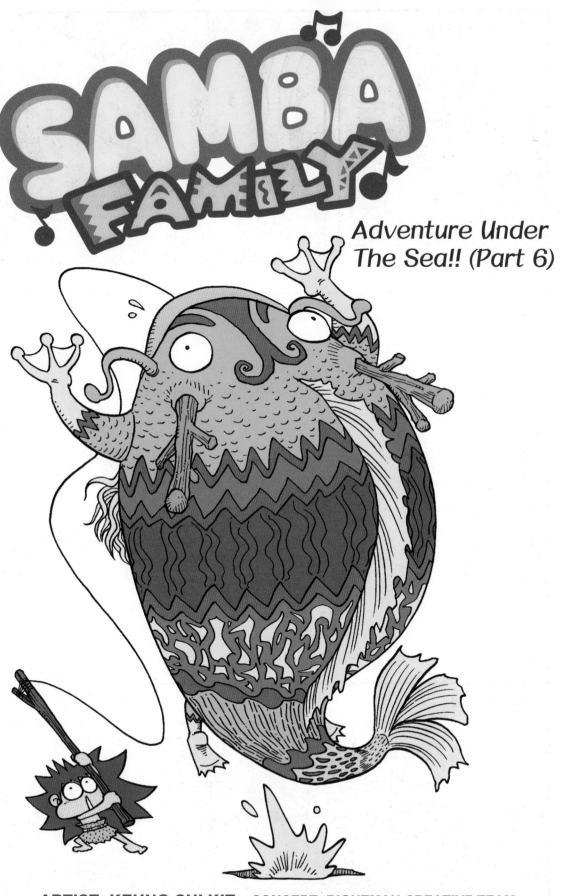

## Adventure Under The Sea!! (Part 6)

ARTIST: KEUNG CHI KIT CONCEPT: RIGHTMAN CREATIVE TEAM

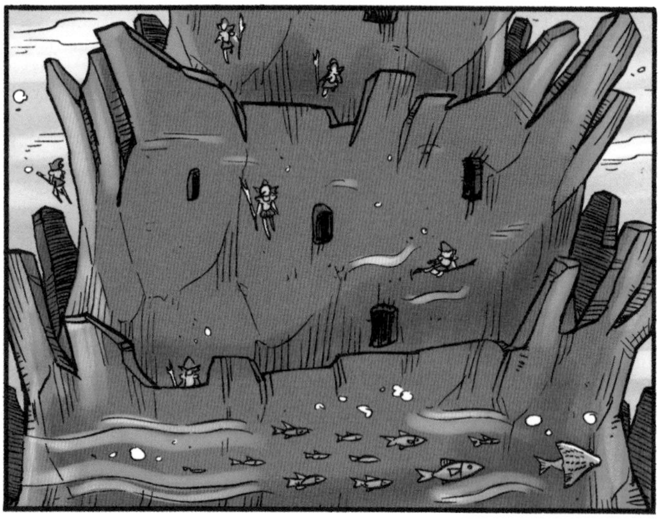

人魚之國的女士們和先生們，大家好！

歡迎來到新一任人魚之國國皇
的登基典禮!!

今日我很榮幸可以主持
這個重要儀式……

I am the new staff officer of the bad fish army,
my name is Lulu and I'm 15 years old...
Spare us your speech !!
Wah ~~~

我是惡魚軍團的新任參謀官， 我叫魯魯，今年15歲…… 廢話少講!! 哇~~~

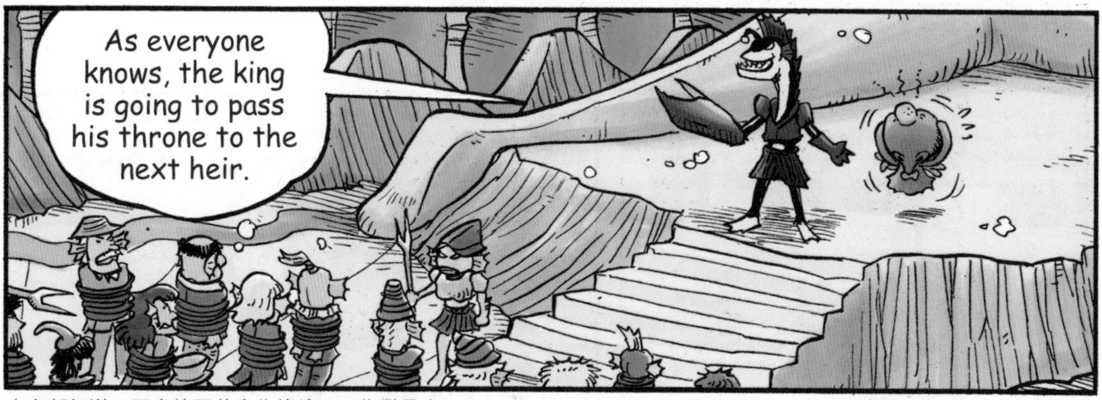
As everyone knows, the king is going to pass his throne to the next heir.

大家都知道，國皇快要將皇位傳給下一位繼承人。

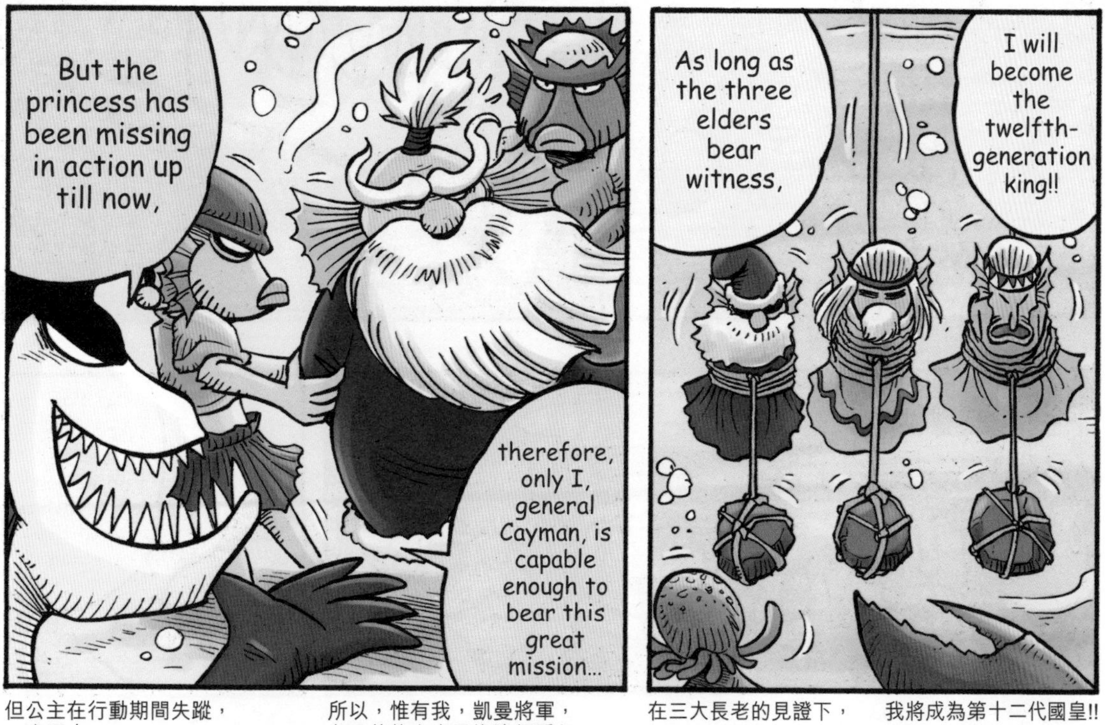
But the princess has been missing in action up till now,
therefore, only I, general Cayman, is capable enough to bear this great mission...
As long as the three elders bear witness,
I will become the twelfth-generation king!!

但公主在行動期間失蹤，一直至今， 所以，惟有我，凱曼將軍，有足夠能力去承擔這個重任…… 在三大長老的見證下， 我將成為第十二代國皇!!

How dare you!! You do not deserve to become the king!!

你敢!!你不配成為國皇!!

You robbed the throne through military force, and even if you become the king, you will never gain our trust!!

用武力奪取皇位的人，就算成為國皇，
也永遠得不到人們的信任!!

守衛！拉他出去!!　　　是！　　哇~~~

誰有異議下場就和他一樣！

好，既然無人有意見，
典禮繼續……

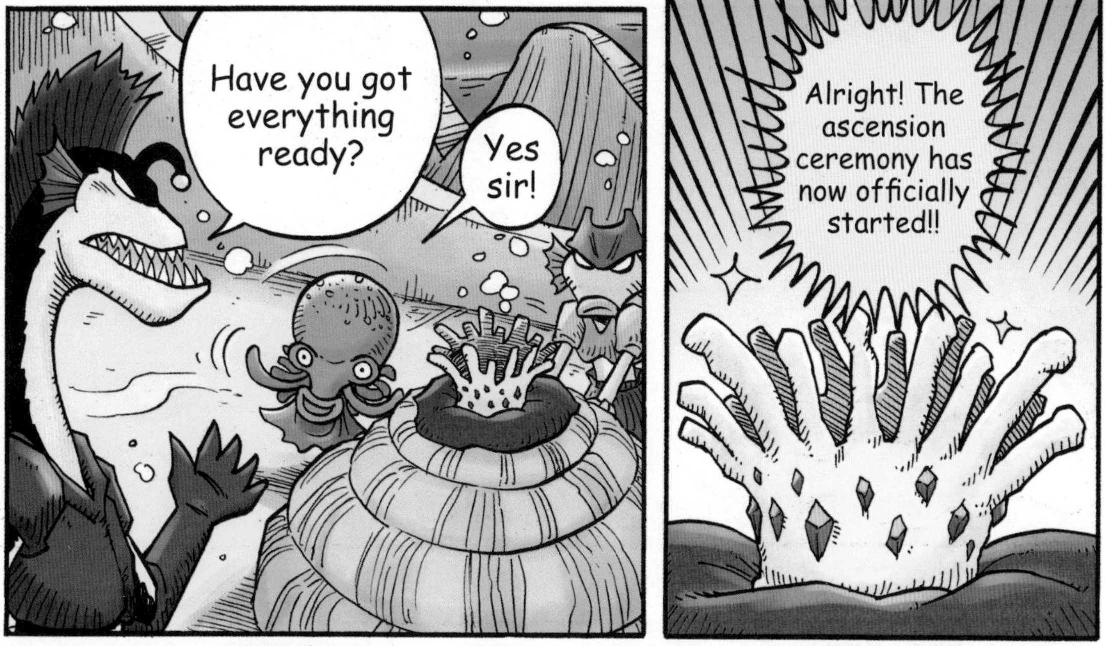


所有東西準備好？　準備好！　好！登基儀式正式開始!!

伏一　完成　森巴，你就這樣解決他們!?

啊~~~~~~

你做得到的，菲比斯！

呀~~~~我動不了……

怎樣試也進不去啊~~~~!!

嗄~~~

真失敗！怎麼我之前
沒想到？

我身形太大，
根本穿不過這門！

嗄~~~

菲比斯，不如你打破
這扇門進去吧!?

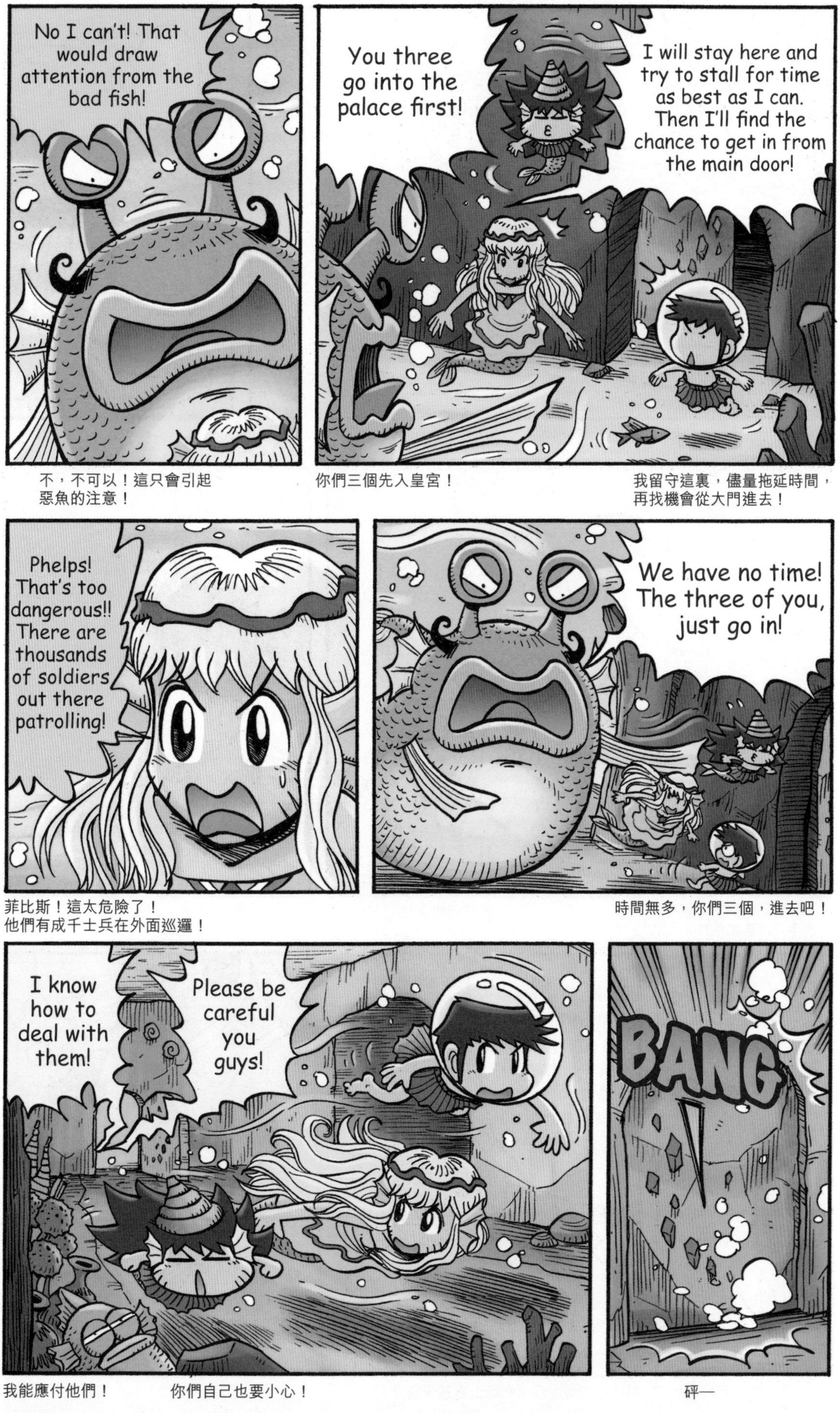
No I can't! That would draw attention from the bad fish!
不，不可以！這只會引起惡魚的注意！
You three go into the palace first!
你們三個先入皇宮！
I will stay here and try to stall for time as best as I can. Then I'll find the chance to get in from the main door!
我留守這裏，儘量拖延時間，再找機會從大門進去！
Phelps! That's too dangerous!! There are thousands of soldiers out there patrolling!
菲比斯！這太危險了！他們有成千士兵在外面巡邏！
We have no time! The three of you, just go in!
時間無多，你們三個，進去吧！
I know how to deal with them!
我能應付他們！
Please be careful you guys!
你們自己也要小心！
BANG
砰—

菲比斯…… 公主，我們要儘快離開！ 別擔心菲比斯，他不會有事的！

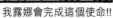

好！按菲比斯的計劃去做，我們不可以辜負他!!
我露娜會完成這個使命!!
父皇，我來救你喇！
公主，帶上我們啊！

啊！ 那位是環境大臣！怎麼他會被帶走？

Could the ascension ceremony have started already!?
Kang, Samba! We need to get to the great church at the palace's centre soon!
Where's the great church?
Follow me!

難道登基儀式已經開始了!?

小剛，森巴！我們要趕快去
皇宮中心的大聖堂！

大聖堂在哪兒？

跟我來！

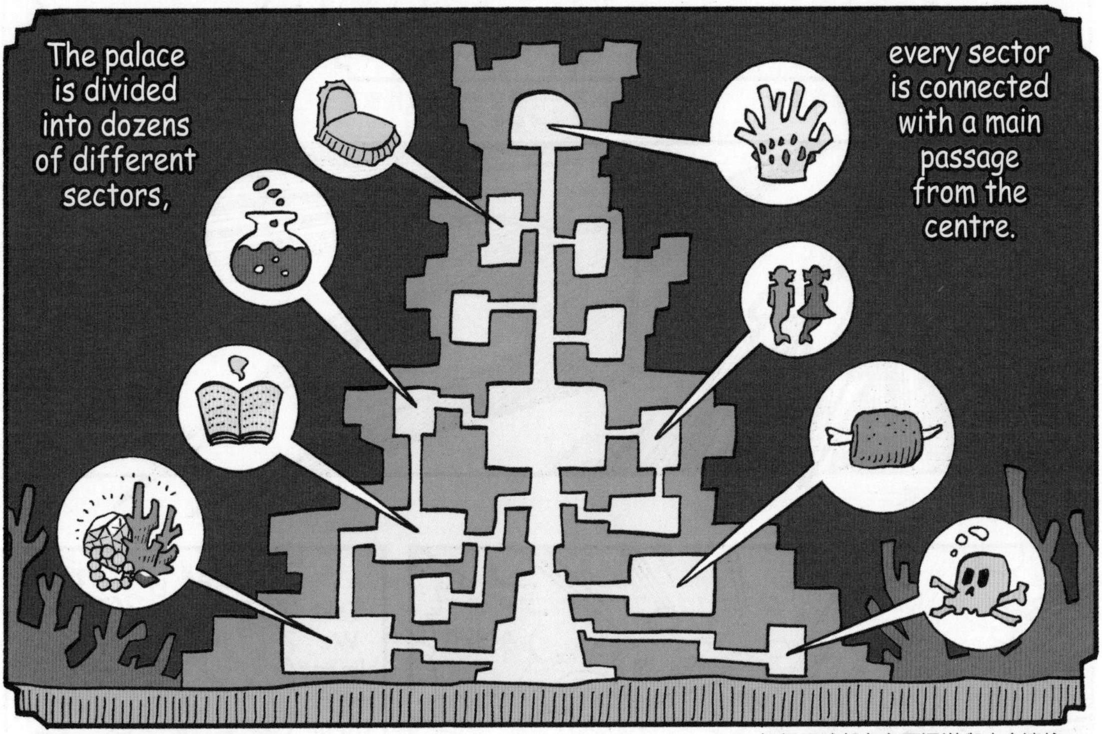

The palace is divided into dozens of different sectors,
every sector is connected with a main passage from the centre.

皇宮分為十多個不同的區域，

每個區域都有主要通道與中央連接。

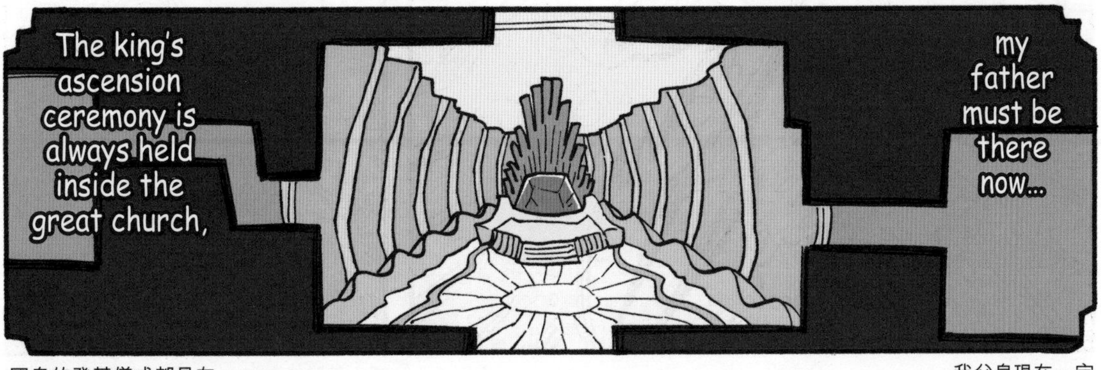

The king's ascension ceremony is always held inside the great church,
my father must be there now...

國皇的登基儀式都是在
大聖堂裏進行，

我父皇現在一定
在裏面……

As long as the three elders of the Mermaid Kingdom gather in front of the ancient imperial stone with the new king and old king,
and read out the chapter of founding written by the very first king, then the transfer of the throne will officially by completed.
Then, general Cayman will rule all of Mermaid Kingdom.

只要人魚之國的三大長老與新舊國皇一齊聚集在古皇石前，

再讀出第一任國皇所寫的立國憲章，就會正式完成皇位交接。

到時，凱曼將軍將完全統治人魚之國。

SWIFT

嗖—

擦—

CLACK!
AHH!
Princess!
Tsk! We almost hit them!
It's the soldiers from the bad fish army!

公主！

呀！

唏！差點能擊中他們！

是惡魚軍團的戰士！

公主，你竟敢回來
找你的父親？

你想救他的話，就要先
打敗我們！

可惡……這裏的守衛比
別處更森嚴了……

看來我們要硬闖！

森巴勇者！
要靠你了！

好！

嗨

小朋友？你迷路了嗎？

第1回合 決鬥！

碰—

嗚~~~!!

SWISH—

伏—

Hey
BANG
SAMBA WINS !!
Samba this isn't the time to show off! Quickly get to the next sector!

喝　砰—　森巴勝利!!　森巴，現在不是炫耀時候！
快去下一區！

第2回合　電擊海馬 HP 1380

滋~~~

遊戲結束

嘿嘿嘿~~~~

滋~~~

滋~~~

過關！

第3回合　手卷太郎

トー

咻

噹—

過關！

第8回合

第13回合

第21回合 拳擊 腳踢 選項

Swift

伏一

Puff~~~~~~

嗄~~~~~~

Samba, Kang! We're finally here!!
This is the great church!!

森巴，剛仔！
我們終於到了!!

這裏就是大聖堂!!

Hehehe princess, without our permission, no one can enter the place!

嘿嘿嘿，公主殿下，沒經我們
批准，沒有人可以進去！

We are the three coloured warriors of the bad fish!

我們是惡魚三色戰士！

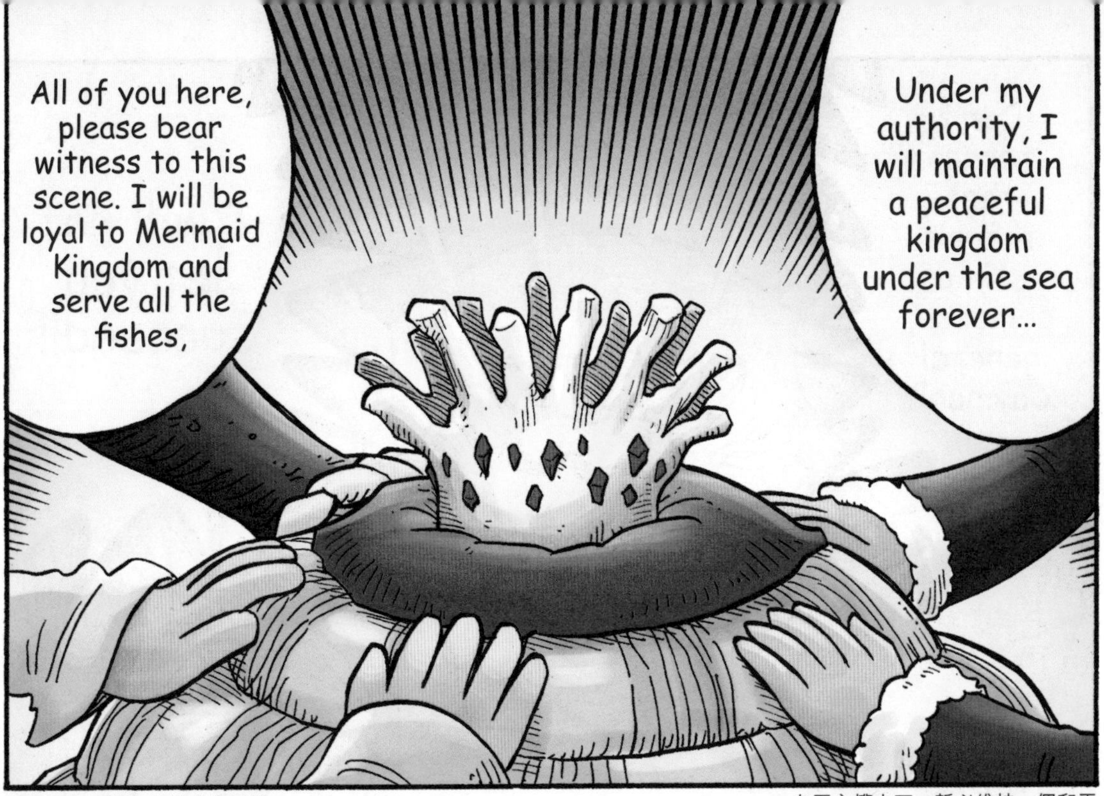


在座各位，請為此儀式作見證。
吾將效忠人魚之國，為所有子民效力，

在吾之權力下，誓必維持一個和平
的海底國度，直到永遠……

我，凱曼將軍謹此宣誓。

將軍！你可以戴上皇冠，成為新一任國皇了！

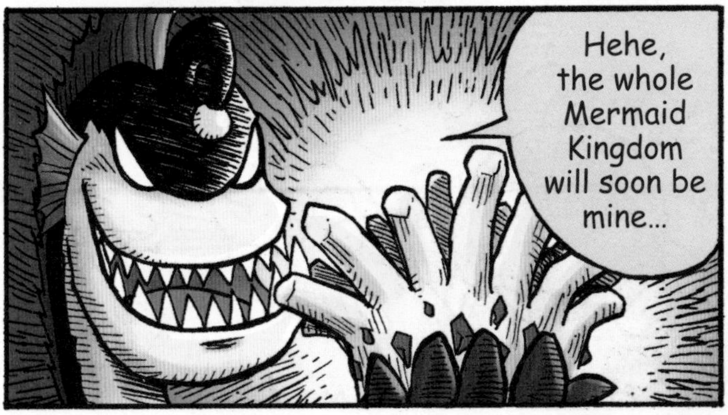


嘿嘿，人魚之國
即將屬於我了！

住手!!

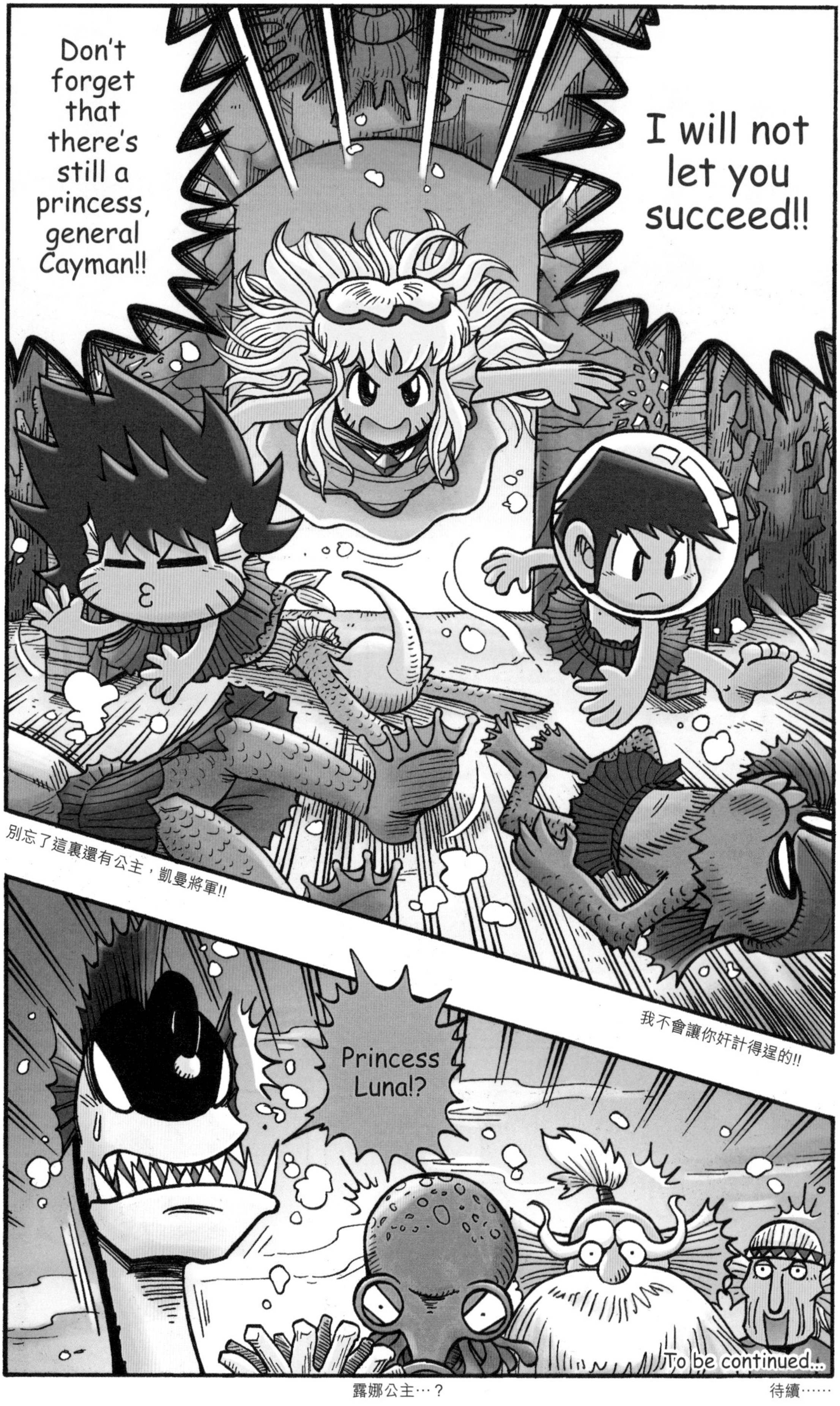
Don't forget that there's still a princess, general Cayman!!
I will not let you succeed!!
別忘了這裏還有公主，凱曼將軍!!
我不會讓你奸計得逞的!!
Princess Luna!?
To be continued...
露娜公主…？
待續……

兒童的學習 NO.48

請貼上
$2.0郵票

香港柴灣祥利街9號
祥利工業大廈2樓A室
兒童的學習編輯部收

2020-2-15　▼請沿虛線向內摺。

請在空格內「✔」出你的選擇。

# 問卷

有關今期內容

**Q1：你喜歡今期主題「艦船起航」嗎？**

01☐非常喜歡　02☐喜歡　03☐一般　04☐不喜歡　05☐非常不喜歡

**Q2：你喜歡小說《大偵探福爾摩斯——M博士外傳》嗎？**

06☐非常喜歡　07☐喜歡　08☐一般　09☐不喜歡　10☐非常不喜歡

**Q3：你覺得SHERLOCK HOLMES的內容艱深嗎？**

11☐很艱深　12☐頗深　13☐一般　14☐簡單　15☐非常簡單

**Q4：你有跟着下列專欄做作品或遊覽嗎？**

16☐巧手工坊　17☐簡易小廚神　18☐玩樂地圖　19☐沒有製作或遊覽

請沿實線剪下

## 讀者意見區

## 快樂大獎賞：

我選擇 (A-I)

請沿實線剪下

**只要填妥問卷寄回來，就可以參加抽獎了！**

**感謝您寶貴的意見。**

請在此部分塗上膠水。

請在此部分塗上膠水。

## 讀者資料

| 姓名： | 男<br>女 | 年齡： | 班級： |
|---|---|---|---|
| 就讀學校： | | | |
| 聯絡地址： | | | |
| 電郵： | | 聯絡電話： | |

你是否同意，本公司將你上述個人資料，只限用作傳送《兒童的學習》及本公司其他書刊資料給你？（請刪去不適用者）

同意/不同意　簽署：＿＿＿＿＿＿＿＿＿＿　日期：＿＿＿＿年＿＿＿月＿＿＿日

## 讀者意見收集站

**A** 學習專輯：艦船起航
**B** 快樂大獎賞
**C** 巧手工坊：神奇樽中船！
**D** 大偵探福爾摩斯——M博士外傳⑤證人的考驗
**E** 四格冷知識
**F** 成語小遊戲
**G** 簡易小廚神：五彩免焗花生燕麥餅
**H** 玩樂地圖： 尖沙咀
**I** 知識小遊戲
**J** SHERLOCK HOLMES：The Silent Mother②
**K** 讀者信箱
**L** SAMBA FAMILY：Adventure Under the Sea!! (Part 6)

**Q5. 你最喜愛的專欄：** ＊請以英文代號回答**Q5**至**Q7**

第 1 位 20＿＿＿＿＿　第 2 位 21＿＿＿＿＿　第 3 位 22＿＿＿＿＿

**Q6. 你最不感興趣的專欄：** 23＿＿＿＿＿ 原因：24＿＿＿＿＿

**Q7. 你最看不明白的專欄：** 25＿＿＿＿＿ 不明白之處：26＿＿＿＿＿

**Q8. 你覺得今期的內容豐富嗎？**

27☐很豐富　28☐豐富　29☐一般　30☐不豐富

**Q9. 你從何處獲得今期《兒童的學習》？**

31☐訂閱　32☐書店　33☐報攤　34☐OK便利店
35☐7-Eleven　36☐親友贈閱　37☐其他：＿＿＿＿＿

**Q10. 你喜歡甚麼運動？（可選多項）**

38☐足球　39☐籃球　40☐乒乓球　41☐羽毛球　42☐網球
43☐壁球　44☐欖球　45☐棒球　46☐排球　47☐跑步
48☐跳舞　49☐體操　50☐跳繩　51☐踏單車　52☐攀石
53☐溜冰　54☐游泳　55☐跆拳道　56☐空手道　57☐柔道
58☐武術　59☐其他：＿＿＿＿＿

**Q11. 你還會購買下一期的《兒童的學習》嗎？**

60☐會　61☐不會，原因：＿＿＿＿＿